W0270616

# Plus belle ma vie après cinquante ans

Claudine Badey-Rodriguez
Bernadette Costa-Prades

# Plus belle ma vie après cinquante ans

Albin Michel

© Éditions Albin Michel, 2011

# Introduction

> « Le temps qui nous reste à vivre est plus important que toutes les années écoulées. »
>
> Tolstoï

Vous avez ouvert ce livre, vous avez donc envie que la seconde partie de votre vie soit réussie. Nous l'avons écrit pour vous accompagner dans cette aventure, car il faut bien reconnaître que la société actuelle et sa folie du jeunisme ne nous aident guère à aborder ce tournant avec sérénité. C'est également pour proposer une autre vision de l'avancée en âge que nous nous sommes attelées à l'ouvrage.

Comment faire de ces années qui viennent une occasion de bien vivre, et même de mieux vivre ? Le milieu de la vie est souvent l'occasion d'un check-up, nous y ajoutons un bilan de santé psychique tout aussi salutaire, et indispensable avant d'investir de nouveaux projets. Où en sommes-nous de notre vie, de nos amours, de nos amitiés, de nos différents investissements ? Qu'avons-nous envie de réaliser ? Pour vous aider, nous allons vous donner des outils pour développer votre optimisme – merveilleuse façon d'aborder joyeusement la maturité –, renforcer votre estime de soi – afin de faire de meilleurs choix et de mieux combattre les différents stress. Les marques du temps vous malmènent ? Il est pourtant possible de rester séduisant, en forme, et en bonne santé très longtemps, en résistant à la dictature des apparences. La solution ne se trouve pas dans des crèmes miracles, mais dans le fait de traiter son corps avec bienveillance, sans le laisser aller ni lui infliger des tortures, bref, en apprenant à nous aimer dans notre globalité, corps et esprit. L'âge enfin nous donne une certaine sagesse pour prendre le temps de vivre, développer notre vie intérieure, nos capacités créatives, autant de chemins pour enrichir notre vie et la rendre plus vraie.

Si ce livre a bien sûr pour objectif de vous aider à mieux vivre, il n'est pas un ouvrage de plus dans l'immense rayon du développement personnel. Ni un manuel de recherche béate du bonheur. Comme le remarque très justement la psychanalyste Colette Aguerre, « nous constituons peut-être la première société de l'histoire à rendre malheureux les gens de ne pas être heureux » ! Certes, nous sommes libres de maîtriser une part de notre destin, mais il n'est pas toujours possible d'y parvenir à coups de « y a qu'à », « faut qu'on » si fréquents dans ce type de littérature, et pour aller vers nos vrais désirs, nous devrons peut-être nous libérer des entraves de notre passé avec l'aide d'un thérapeute. Ajoutons encore que si notre bien-être dépend de notre propre épanouissement, il repose aussi sur la richesse de notre vie relationnelle. Or le culte de la perfection et du bonheur individuel nous éloigne les uns des autres, tandis qu'en tant qu'humains, nos fragilités et nos faiblesses nous en rapprochent.

Chaque chapitre de l'ouvrage propose une réflexion, suivie de nombreuses pistes pratiques. À vous de choisir les exercices à la hauteur de vos possibilités, de votre temps disponible. Commencez par ce qui vous séduit le plus, en vous fixant de petits objectifs, que vous augmenterez au fur et à mesure de vos progrès. Ce livre ne doit pas être une source de stress supplémentaire, mais un compagnon bienveillant et encourageant. Les changements vont se faire par étapes, mais sachez que commencer à agir, c'est déjà beaucoup ! Il est important que vous restiez tolérant vis-à-vis des difficultés rencontrées. Avez-vous remarqué combien le langage utilisé pour évoquer l'avancée en âge est un langage guerrier ? Faut-il vraiment entrer en lutte contre soi pour bien vivre ? Nous ne le pensons pas. Évitons de nous culpabiliser en ruminant que nous ne devrions pas être comme ci ou comme ça, et commençons par nous accepter, qualités et défauts compris. Voilà la première action, le premier des changements…

Vous hésitez à vous consacrer du temps estimant peut-être la démarche égoïste ? Laissons la parole au philosophe Hillel, qui posait déjà, soixante-dix ans avant J.-C., ces trois questions essentielles : « Si je ne me soucie pas de moi, qui le fera ? Et si ce n'est pas maintenant, quand ? Quand je ne me soucie pas de moi, qui suis-je ? »

Il est temps d'être vraiment soi… sans oublier de se soucier des autres !

# 1
# Faites des projets pour l'avenir

> « Ceux qui ne savent pas où ils vont sont surpris d'arriver ailleurs. »
>
> Pierre Dac

## Pourquoi faire le point ?

Commençons par faire un bilan, pour nous permettre d'évaluer où nous en sommes, développer ce qui nous satisfait, changer ce qui nous convient moins, abandonner ce qui nous pèse. Nous avons désormais le recul nécessaire pour faire le point, et la chance d'avoir encore le temps d'orienter notre existence différemment, faire de nouveaux choix, bref vivre mieux dans les domaines qui nous paraissent nécessaires à améliorer. Ce bilan va nous donner la possibilité d'évaluer la solidité des bases sur lesquelles nous nous sommes construits. Peut-être même certaines parties de l'édifice n'ont-elles aucune fondation ? Heureusement, à tout âge, notre vie peut s'enrichir, elle n'est jamais figée. Et si nous l'avons quelque peu négligée, voilà l'occasion de la reprendre en main. Certes, tout ne dépend pas de nous, mais ce point va justement nous aider à cerner les domaines dans lesquels nous pouvons agir et ainsi mettre toutes les chances de notre côté pour nous épanouir.

## Trouver du sens à sa vie

Ce bilan va également nous permettre de clarifier le sens que nous souhaitons donner à la suite de notre vie. Et quand bien même nous lui en avions donné un, ce dernier s'inscrit dans une dynamique et se transforme au fil des années. À pédaler le nez dans le guidon sans regarder les panneaux indicateurs, comment savoir si nous sommes dans la bonne direction ? Nous prenons le risque de nous laisser porter par le flux des événements, les obligations, les attentes des autres, loin de nos désirs, de ce qui nous correspond profondément, même s'il nous semble que nous avons « réussi ». L'ennui ? Que cette existence subie plus que choisie engendre à terme de la frustration, ce qui explique que certaines personnes, ayant apparemment tout pour être heureuses, consultent parce qu'elles sont insatisfaites de leur vie, qui manque de sens. Faire le point va vous permettre de découvrir vos vrais besoins, vos valeurs profondes, et d'agir en accord avec eux. Vous allez peut-être réaliser que vous vous êtes laissé entraîner vers un métier qui ne vous correspondait pas vraiment pour répondre à une injonction parentale, par exemple, ou que vous vous êtes engagé dans des relations affectives qui vous pèsent, ou même, tout simplement, que certaines de vos activités ne correspondent plus à ce que vous êtes aujourd'hui. Ou bien encore que vous avez des capacités que vous estimez ne pas avoir assez exploitées, le moment est venu...

## Qui suis-je ?

Nos valeurs – la générosité ou le respect, par exemple – sont des idées fortes qui donnent du sens à ce que nous faisons, à ce que nous sommes ou aimerions être et nous permettent de répondre à la question : qu'est-ce qui est important dans ma vie, que ce soit dans mes réalisations, mes relations affectives, familiales, amicales ? Malheureusement, nous vivons dans une société où les valeurs dominantes mettent plus l'accent sur le statut social que sur l'identité réelle des personnes, sur leur épanouissement. Le métier, la réussite matérielle prennent le pas sur les autres dimensions. Imaginez un rituel des présentations où l'on ne vous demanderait pas : que faites-vous dans la vie ? mais : êtes-vous satisfait dans ce que vous faites ? Inimaginable ? Pourtant, n'est-ce pas l'essentiel ? Nous sommes sans cesse réduits à ce que nous faisons, au détriment de ce que nous sommes. Faire un bilan va vous aider à aller à contre-courant de cette tendance en vous permettant de répondre à la question fondamentale : qui suis-je ? C'est pourquoi il est important de faire la distinction entre vos valeurs personnelles et les valeurs sociales : comme nous allons le voir, elles se recoupent parfois, mais pas toujours.

## Les leçons de la vie

Il se peut que vous craigniez de ne mettre au jour que des aspects négatifs de votre parcours : vous avez enchaîné les séparations, abandonné une passion qui vous tenait tant à cœur, bref, vous vous êtes laissé happer par la routine de la vie et une certaine fatalité... Aucun bilan n'échappe à ce genre de constat. Mais ces événements négatifs ont au moins un bon côté : ils vous ont appris des choses sur vous-mêmes. Ils ont mis au jour vos failles, vos fragilités, mais aussi vos ressources, et révélé les personnes sur lesquelles vous pouviez compter, autant d'atouts qui vont vous permettre de construire la suite de votre vie de façon plus satisfaisante. La vie n'est pas un long fleuve tranquille, les crises la jalonnent ; faut-il s'en désoler ? Elles sont souvent une occasion d'évoluer, et si nous n'en avons pas tiré les leçons sur le moment, il n'est jamais trop tard pour le faire. Toutefois, notre vie n'a pas été faite que d'épreuves. Avons-nous jamais pris le temps d'apprécier ce que nous avons réussi, construit ? Un des objectifs prioritaires de ce point est aussi de nous permettre de découvrir, ou redécouvrir, nos capacités, nos forces, nos qualités, pour en faire le meilleur usage dans la suite de notre vie.

## Anticiper sa vie pour mieux la vivre

Le bilan débouchera sur des projets plus en adéquation avec nos vraies valeurs, ce que nous sommes vraiment ou ce que nous avons envie d'être. En tricotant le passé et le présent, tout projet est source de vie. Par la quête d'un mieux-être, il régénère l'existence et porte en lui un pouvoir de transformation. À l'inverse, ne pas anticiper sa vie, ne faire aucun projet nous installe dans une attente passive et fataliste des événements. Nous vous proposons donc de construire votre avenir de façon réfléchie, et non d'en être le simple spectateur. Plus vous serez en harmonie, plus vos objectifs seront clairs, plus vos comportements seront en accord avec vos valeurs, et moins vous laisserez prise au déterminisme sur votre vie ! Cette attitude permet d'éviter les « j'aurais dû, j'aurais pu » à la fin de sa vie, quand il est effectivement trop tard. Jean-Yves Leloup nous encourage dans ce sens : « Ce n'est pas parce que tu lèves les voiles que tu feras lever le vent, mais si tu as levé les voiles et que le vent souffle, tu auras moins à ramer. » Paré pour le voyage ?

## Respecter toutes ses facettes

Acquérir du pouvoir sur sa vie consiste à faire des choix qui tiennent compte de nos désirs, de nos valeurs, de nos compétences, mais aussi de nos difficultés et de nos limites. La décision que je prends doit respecter toutes les parties de moi, dans une sorte d'écologie de ma personne. Un exemple ? Vous rêvez de grands voyages, mais vous avez aussi besoin de vous sentir en sécurité. Partir seule en Inde satisfera votre envie de découvrir le monde, mais malmènera ce besoin de stabilité. Peut-être vous faut-il envisager une destination moins lointaine ou un projet en groupe qui tienne compte de vous dans votre globalité ? Être aligné, c'est être en accord avec toutes les facettes de soi, en évitant les conflits internes.

## Se méfier des projets irréalistes

Au moment d'effectuer ce bilan, nous sommes souvent engagés dans notre vie professionnelle, amoureuse, familiale. En cas de constat trop sombre, il peut être tentant d'envoyer balader sa vie actuelle du jour au lendemain et vouloir repartir de zéro. Attention ! Les décisions importantes ne doivent pas se prendre sur un coup de tête lors de cette période de réflexion et de transition. Nous devons envisager les conséquences sur nous, sur notre vie et sur celle des autres à court et à moyen terme, prendre en compte également nos capacités et nos limites sans oublier les aspects matériels et financiers du projet. Ainsi, décider de lâcher son travail pour ouvrir des chambres d'hôtes dans une région qui vous éloigne de votre famille et de vos amis demande réflexion. Le bilan peut encore nous rendre nostalgiques de nos rêves d'antan, devenus peu réalisables compte tenu de notre situation et de notre âge. À l'inverse, il peut nous permettre de réveiller un potentiel endormi ou de faire émerger des pistes jusque-là ignorées. Il est question d'ouverture, non d'un repli sur le passé !

## Prendre le temps d'une pause

Encore faut-il s'accorder le temps de ce bilan. Votre agenda est sûrement chargé, mais vous trouvez toujours une heure ou deux pour vous rendre chez le dentiste ou le médecin. Nous vous proposons ici de prendre soin de votre vie, avec la même attention que vous mettez à surveiller votre vue ou votre tension. Construire son bonheur demande de l'énergie, des efforts, de la persévérance. À chacun, chacune, de trouver les meilleurs moments en partant quelques jours au calme, ou en prenant un quart d'heure par jour dans un endroit où il se sent bien. Cette période de bilan prend du temps. Que vous le fassiez à 50 ou à 60 ans, il s'agit d'un tournant dans la vie, ponctuée de nombreuses crises à gérer. L'avantage ? Chacune de ces crises porte en elle un potentiel d'évolution, pour peu que nous soyons décidés à l'affronter et à la dépasser, mais elle ne fait pas l'économie d'un entre-deux, d'une transition, pour intégrer le changement. Cette période suspendue entre passé et avenir nous permet de clore un chapitre de notre vie avant d'en entamer un nouveau. Notre société aime le changement, mais parle peu de transition, comme si la vie était destinée à enchaîner les mouvements, sans aucune pause. Elle n'aime pas non plus les notions de perte et de deuil, qui ponctuent pourtant toute notre existence, faite de débuts et de fins. Il est bon de s'interroger sur sa façon de vivre les départs, les séparations, les fins de projets.

## Attention, fragile !

Ce retour sur sa vie nécessite une certaine sérénité et ne peut s'effectuer lors d'un moment de crise au risque de prendre des décisions que vous finiriez par regretter. Il est déconseillé de le faire si vous vous sentez dans une période de fragilité, ou pire, si vous êtes déprimé. De même, si au cours de ce bilan apparaît un malaise, voire de l'angoisse, mieux vaut le reporter à plus tard. D'ailleurs, un bilan trop négatif, trop douloureux ne vous permettra pas de reconnaître seul vos ressources pour aller de l'avant. Si vous en éprouvez la nécessité, pourquoi ne pas entreprendre ce travail avec l'aide d'un thérapeute ? Cela peut être une formidable occasion pour dissiper définitivement les ombres du passé.

## À vous de jouer !

### ○ Listez vos meilleurs souvenirs

Faites la liste de vos meilleurs souvenirs, y compris ceux de l'enfance. En quoi sont-ils les meilleurs pour vous ? Est-ce un bon moment partagé avec vos enfants, un pique-nique avec des amis, un voyage, le jour où vous avez décroché votre premier emploi ? Repérez les moments où vous vous êtes senti serein, en harmonie intérieure avec vous-même, avec la nature, avec le monde. Qu'est-ce que chaque événement vous a appris de positif sur vous ? Quand auriez-vous pu vous dire « je me suis senti aimé, entouré », « là, je suis compétent, je suis fier de moi », « j'ai su que je pouvais me faire confiance, que j'avais de la valeur, que j'étais fiable, bref, que j'étais quelqu'un de bien ! » ? Existe-t-il un point commun entre ces moments ? Étiez-vous seul ou en groupe ? Quels sont les éléments précis qui vous ont fait vibrer à cet instant-là ? Tous ces souvenirs vont vous aider à comprendre ce qui est important pour vous et vous serviront d'appui dans les périodes plus difficiles.

### o Déterminez vos vraies valeurs

Mettre au jour ce qui est fondamental va vous amener à identifier vos vraies valeurs et vous permettre de déterminer un projet de vie cohérent. Commençons par une petite introspection : que désirez-vous garder de l'héritage de votre enfance, des valeurs transmises par vos parents, votre famille, des enseignants, des personnes qui ont été importantes pour vous ? (Il peut même s'agir de personnes du monde politique, artistique...) Qu'est-ce que vous ne voulez surtout pas garder ? Ce point vous aidera à bâtir l'avenir, à vous interroger sur ce que vous voulez transmettre à vos enfants, vos petits-enfants, si vous en avez, et même aux générations futures. Quelle contribution souhaitez-vous apporter au monde ? Sans pour autant se prendre pour Martin Luther King, il est important de se considérer comme un être unique, pouvant participer, même à la hauteur d'une goutte d'eau, au bien-être de l'humanité. Si vous avez un peu de mal à les identifier, nous vous donnons une liste de mots comme point de départ : justice, amour, tolérance, sagesse, liberté, respect, sincérité, générosité, authenticité, loyauté... Ces valeurs emportent généralement l'adhésion de tous, mais pour savoir si vous y êtes personnellement sensible, observez vos réactions quand elles sont malmenées. Le mensonge vous met hors de vous ? La sincérité est sûrement une de vos valeurs phares. Vous ne supportez pas les radins ? La générosité est importante pour vous. Une fois la liste établie, agissez plutôt en fonction de vos valeurs qu'en combattant vos antivaleurs, car il est toujours plus efficace, plus dynamique et plus motivant d'aller vers que de se battre contre. Ce qui n'empêche pas, à un niveau plus collectif, de défendre des causes qui vous sont chères, que ce soit dans une association ou un mouvement politique...

### ○ Quelle vie irait avec vos valeurs ?

Réfléchissez ensuite à la vie qui irait le mieux avec vos valeurs. Existe-t-il des inconvénients majeurs à ce que vous alliez dans ce sens ? Comment pourriez-vous concrètement vous en approcher ? Si vous travaillez dans une banque classique alors qu'une de vos grandes valeurs – venir en aide aux autres – vous pousserait plutôt vers un travail humanitaire, peut-être pourriez-vous trouver un poste dans un établissement de prêts aux plus démunis ? Il ne s'agit pas de se lancer dans un projet fou et irréaliste, mais d'envisager comment vivre le plus en accord avec votre moi profond. Et si un changement professionnel n'est pas envisageable, des missions humanitaires durant l'été, une aide aux Restos du cœur, elles, le sont. Ou encore, si vous avez tendance à vous emporter facilement quand on n'est pas d'accord avec certaines de vos opinions politiques, alors que la tolérance est importante pour vous, comment pouvez-vous devenir plus ouvert sans renier vos idéaux ?

### ○ Listez vos qualités, vos défauts, vos forces et vos faiblesses

Quand vous pensez à vous, quelles sont les qualités qui vous viennent spontanément à l'esprit ? Malheureusement, nous sommes souvent plus enclin à nous trouver des défauts, car l'idée communément admise est que parler de soi de façon positive est prétentieux. Si vous avez du mal à déterminer vos qualités, demandez à votre entourage, à vos amis, celles qu'ils vous reconnaissent ; cela fait un bien fou, à condition de choisir des personnes bienveillantes ! Citent-ils les mêmes que celles que vous vous attribuez ? Et vos défauts, d'où viennent-ils ? S'agit-il de réels défauts ou bien de croyances à propos de vous-même ? N'est-ce pas des phrases entendues dans l'enfance qui vous ont conditionné : « Ce que tu es maladroit ! », « Toujours aussi égoïste ! Pas comme ton frère, si généreux ». ? Passez à la moulinette ces assertions que vous avez fini par croire : qu'est-ce qui peut venir les contredire ou les relativiser ? Vous êtes égoïste, paraît-il ? Qu'en pensez-vous, au fond de vous ? Qu'en pensent vos proches ? Quant à ce qui vous apparaît comme vos défauts, sont-ils vraiment gênants ? Dans quelles circonstances ? Est-il important pour vous d'essayer de vous en débarrasser parce que cela vous nuit ou malmène une valeur importante pour vous ?

### ○ Analysez vos réussites et vos échecs professionnels et personnels

À propos de vos échecs, peut-être avez-vous jusque-là adopté la fuite ou le ressassement ? Ce temps de pause vous donne l'occasion de les analyser avec lucidité. Un proverbe africain dit très justement : « Quand tu tombes, ne regarde pas le sol, regarde où tu t'es cogné. » Relativisez encore vos loupés : bien sûr, vous n'avez pas le métier dont vous rêvez, mais vous avez une famille soudée et une sécurité financière. Certes, vous êtes en froid avec votre famille, mais votre bande de copines vous soutient... Tirer les leçons de vos échecs vous permettra de rebondir. Quant à vos réussites, à quoi les attribuez-vous ? À votre sens des affaires ? À votre facilité à bien vous entourer ? À votre générosité ? À votre sens de l'humour ? Si vous avez tendance à penser que vos réussites sont liées à la chance, à un contexte favorable, faites l'effort de vous demander si vraiment vous n'y avez pas contribué. Non ? Vous êtes sûr ?

### ○ Listez vos ballons d'oxygène et vos sources de stress

Venons-en maintenant à vos activités actuelles : quelles sont celles – de la plus banale à la plus élaborée – qui vous procurent le plus de plaisir, de satisfaction, de fierté, celles qui vous donnent un sentiment de contrôle sur votre vie : faire mille mètres à la piscine ? Aider un ami ? Le déjeuner hebdomadaire avec vos copines ? La balade du soir avec votre chien ? Soigner vos plantes ? Identifier ces ballons d'oxygène permet de les multiplier. De la même manière, repérer les situations qui génèrent du stress, du déplaisir, de l'inconfort, voire de la colère, permet de les éviter, ou d'apprendre à y réagir différemment. Vous pouvez les noter sur une échelle de 0 à 10, en fonction de l'intensité de la gêne qu'elles vous procurent. Quelles sont les raisons qui font que vous continuez à les vivre malgré tout ? Passez en revue les motivations actuelles, celles liées au futur – peur de perdre votre emploi, de vous retrouver seul – ou encore aux croyances négatives que vous entretenez sur vous depuis l'enfance – je ne mérite pas mieux, je n'aurais jamais le courage de dire non, je ne l'ai jamais eu d'ailleurs... Vous ne pouvez pas les éviter ? Vous pouvez au moins adopter des stratégies pour réduire le stress, comme nous vous le proposons plus loin.

### ○ Listez vos besoins personnels et faites le point sur votre histoire

Quels sont les besoins que vous devez satisfaire pour vous sentir bien ? Des plages de solitude ou, au contraire, des moments où vous êtes entouré ? Des activités sportives ? Rien d'égoïste dans cette démarche car reconnaître ses besoins, les faire respecter, nous permet de mieux aimer les autres. En revanche, en les niant, ils ne disparaissent pas mais se transforment en aigreur, voire en difficultés psychologiques et même physiques. Est-ce que quelque chose – le manque de temps, la culpabilité... – ou quelqu'un vous empêche de les combler ou de vous réaliser ? Quelles sont les relations qui vous font du bien, celles qui vous plombent ? Que vous apporte chaque personne que vous fréquentez ? Quelles sont les blessures, les souffrances qui vous malmènent ? Avez-vous du ressentiment vis-à-vis de quelqu'un de votre passé ou de votre présent ? Réaliser ce bilan est une formidable occasion pour faire le tri dans vos relations, vous libérer de vos anciennes souffrances, de vos croyances négatives, des principes qui vous enferment et vous contraignent. Sur le plan physique, que faites-vous pour être et rester en bonne santé ? Quels sont vos besoins de sommeil ? Mangez-vous assez, trop, mal ? Quelles sont les habitudes que vous vous sentez capable de modifier ?

### ○ Listez vos rêves sans réfléchir

Une fois ce bilan terminé, voici venu le temps de faire des projets. Pour lancer la machine, nous vous proposons de compléter la fin de ces phrases suivantes sans réfléchir :

- Le plus important dans ma vie, c'est...
- Ce que j'aimerais réussir le plus au monde, c'est...
- Ce qui me rendrait vraiment heureux, c'est...
- Si j'osais, je m'autoriserais à...

Ce petit exercice fait apparaître ce qui est essentiel pour vous, sans le filtre du raisonnement. Maintenant, fermez les yeux, visualisez-vous en train de réaliser votre choix. Où êtes-vous ? Que faites-vous ? Qui est avec vous ? Qu'entendez-vous ? Que sentez-vous ? Lorsque vous êtes bien en contact avec la situation, comme si vous y étiez, faites mentalement le tour de votre corps. Que ressentez-vous vraiment à l'intérieur de vous ? De la détente, de la joie, une tension ? Notre corps ne ment jamais, il sait instinctivement ce qui est bon pour nous. S'il y a une sensation désagréable, peut-être qu'une partie de vous résiste à ce choix. Ce message est à prendre en compte, réfléchissez à ce qui occasionne votre gêne.

### ○ Osez vous projeter dans l'avenir

Si vous osiez, que vous autoriseriez-vous ? Quels nouveaux projets souhaiteriez-vous mettre en œuvre ? Passez en revue vos activités, vos relations, vos façons de vous comporter, mais aussi votre manière de vous habiller, la décoration de votre appartement... De quelles ressources disposez-vous déjà pour réussir ? De quoi auriez-vous besoin ? Vous rêvez depuis toujours d'apprendre l'espagnol, votre grand-père était andalou, et pour l'instant vous savez juste dire *muchas gracias.* Votre premier atout ? Une histoire personnelle qui vous pousse vers la langue de votre ancêtre et l'on sait que l'affectif joue toujours un rôle dans les apprentissages. Le second : votre meilleure amie rêve elle aussi de s'y mettre et, à deux, ça va toujours mieux. Le soutien social est un atout dans la réussite : vous vous stimulerez, vous vous relancerez en cas de découragement. Quand vous maîtriserez la langue de Cervantès, vous irez avec bonheur en vacances ensemble en Espagne et pourrez engager la conversation. Vous aimeriez transformer votre maison de campagne en table d'hôte ? Vos atouts : vous êtes accueillante et excellente cuisinière. En revanche, vous n'avez aucune idée de la réglementation, vous étiez fonctionnaire et ne connaissez rien au commerce. Vous pouvez chercher un partenaire plus aguerri sur ces sujets, vous renseigner auprès d'organismes compétents… L'idée est de se donner tous les moyens de réussir l'entreprise projetée. Formulez toujours positivement votre projet en évitant les « il faut », « je dois », qui envoient des messages négatifs à votre inconscient. Le projet prend alors l'allure d'une obligation, nécessitant des efforts pénibles. Préférez « je vais », « je peux »… Bannissez le trop fréquent « mais » – « je voudrais bien, mais je ne sais pas comment m'y prendre » – et remplacez-le par « je vais me renseigner, commencer progressivement, essayer une fois pour voir »…

### ○ Fixez-vous des objectifs réalistes, progressifs et quantifiables !

Rien de plus décourageant qu'un objectif grandiose, hors de sa portée ! Une fois votre projet défini, précisez les jalons intermédiaires car mieux vaut vous fixer des étapes à court terme pour parvenir petit à petit à sa réalisation. Vous voulez apprendre la couture car vous aimeriez confectionner vos vêtements ? Évitez de commencer par le costume trois-pièces et préférez la nappe pour vous familiariser avec la machine à coudre. Votre belle-mère coud comme une fée ? C'est le moment de lui demander des conseils. Vous voulez vous remettre au sport ? Dix minutes par jour peuvent suffire dans un premier temps, vous augmenterez vos objectifs petit à petit. Répondez à ces critères : quand ? Le matin. Où ? Chez moi. Comment ? Avec une vidéo. Avec qui ? Votre voisine qui veut s'y remettre aussi. Plus vous êtes précis, plus vos chances de réussite augmentent. Plus vous choisissez des activités qui peuvent se quantifier par « je l'ai fait », « je ne l'ai pas fait », plus vous saurez où vous en êtes, plus cela vous valorisera et renforcera votre motivation pour continuer. En revanche, s'il est bon de choisir des actions progressives, à la hauteur de ses compétences, elles ne doivent pas être trop faciles, au risque d'être peu stimulantes et les changements peu apparents. Dix minutes de vélo par semaine ne vous donneront jamais l'impression de progresser...

○ **Persévérez...**

Le bonheur se construit. Il demande des efforts, de la volonté... et de la persévérance ! Faites le point sur vos réussites et félicitez-vous ! Vous avez abandonné quelques jours ? Ne vous découragez pas, reprenez là où vous vous êtes arrêté, vous avez le droit à l'erreur. Peut-être le projet était-il trop ambitieux ? Revoyez les étapes à franchir à la baisse. À l'inverse, est-il devenu monotone et ennuyeux ? Réajustez vos objectifs avec le temps qui passe. Enfin, il ne faudra pas s'en tenir au bilan effectué une bonne fois pour toutes, mais le refaire régulièrement pour voir si vous gardez la bonne direction.

# 2
# Revisitez vos croyances sur l'âge

« Nous ne voyons pas les choses telles qu'elles sont, nous les voyons telles que nous sommes. »

Anaïs Nin

## Qu'est-ce qu'une croyance ?

Une croyance s'apparente à un préjugé, une idée toute faite, qui peut être consciente ou inconsciente. Ainsi, « les femmes sont futiles », « les hommes sont tous infidèles », « la vieillesse est un naufrage »... viennent souvent des messages véhiculés par la société, les médias, ou des affirmations entendues durant notre enfance, étayées parfois par les expériences de la vie. Le problème ? Ces croyances nous poussent inconsciemment à décoder le monde à travers ce filtre. Prenez deux amies qui croisent un groupe de personnes âgées visitant un musée. La première ne remarque que les deux dames munies d'une canne, tandis que la seconde se réjouit de constater qu'à cet âge, il est possible de rester curieux et de s'intéresser à l'art... Vous êtes persuadée qu'une femme de 55 ans n'a plus aucune chance de rencontrer quelqu'un ? Vous ne porterez votre attention que sur celles qui, divorcées depuis longtemps, sont seules, et ignorerez la femme du même âge qui vient de rencontrer un nouveau compagnon. Quant à votre sœur, persuadée que vieillesse rime avec déchéance, croisant une personne âgée en pleine forme, elle secouera la tête : « C'est une exception, elle a de la chance ! » Même la réalité ne viendra pas ébranler ses certitudes. Pour renforcer encore nos croyances, nous allons sélectionner les personnes qui pensent comme nous, lire les expériences dans la presse qui vont dans le même sens, ne retenir que les statistiques qui les alimentent.

## Un jeunisme impitoyable

Aucune époque n'a eu une vision aussi négative de la vieillesse que la nôtre ! La publicité, bon indicateur des tendances sociétales, fait du vieillissement la bête noire, pointant du doigt ceux qui « osent » vieillir. Des exemples ? « Il est interdit de vieillir ! » clame un slogan pour une crème de soins, sous-entendu : si vous vieillissez, vous enfreignez l'impératif de rester jeune. Telle autre publicité fait frémir, qui recommande aux femmes de 30 ans de s'occuper sans tarder… de leur relâchement cutané ! Alors que nous vivons de plus en plus longtemps en bonne santé et en meilleure forme, la société n'a de cesse de nous renvoyer une image négative du senior, terme vidé de son sens puisqu'il couvre une période de vie englobant au moins deux générations. Les personnes de 55 ans n'ont pourtant pas la même vie que celles de 85 ans. Le problème de ces croyances collectives est qu'elles conditionnent fortement nos croyances individuelles. Il faut une bonne dose d'affirmation de soi pour lutter contre ces injonctions sournoises !

## Le pouvoir néfaste des croyances négatives

Ce contexte fait que nous sous-estimons notre capacité à faire face et à rebondir : si je suis persuadé qu'après 50 ans une femme n'est plus séduisante, cette idée va transparaître à mon insu dans mon comportement. Si devenir vieux va de pair avec vivre au ralenti, ne plus avoir d'amis, et être perclus de douleurs, je vais me couler inconsciemment dans la peau du « vieux » auquel je crois. Plus nous donnons une signification négative à un événement, plus nous créons les conditions qui la justifient, et donc l'entretiennent. L'expérience menée sur un groupe d'hommes en bonne santé de 75 ans en dit long sur ce phénomène. Des chercheurs leur ont demandé de se comporter comme s'ils avaient 55 ans. Pour les y aider, ils ont modifié leur environnement afin qu'ils retrouvent l'atmosphère de l'époque : musique, décoration, habits... Leur entourage s'est également comporté avec eux comme s'ils avaient 55 ans. À la fin de l'expérience, ils se tenaient plus droits, leurs articulations s'étaient assouplies, leur force musculaire s'était améliorée, de même que leur vue et leur ouïe. Ils étaient par ailleurs capables de résoudre des situations complexes que la vie ne leur offrait plus. Car là réside bien le problème : si les autres attendent moins de nous, nous risquons d'avoir moins d'exigence vis-à-vis de nous-mêmes et devenir effectivement moins compétents. Quel gâchis tout de même ! D'autant qu'on sait aujourd'hui que changer son regard sur l'avancée en âge agit sur la durée de vie et que les personnes qui considèrent le vieillissement comme une expérience positive – associée à des notions de sagesse, d'expérience – vivent en moyenne sept ans et demi de plus que les autres !

## Le pouvoir des mots

Les mots ont un pouvoir étonnant sur notre comportement, mais aussi sur notre corps, comme le montre une expérience menée avec des personnes âgées de plus de 65 ans. Des mots étaient présentés aux participants de façon si rapide qu'ils n'avaient pas le temps de les percevoir consciemment. Au premier groupe étaient proposés des mots positifs attachés au terme « senior », comme « cultivé », « sage », « en forme », tandis que l'autre groupe lisait des mots comme « déclin », « sénile », « croulant ». Le simple fait d'avoir perçu ces termes a eu une influence sur la rapidité de la marche et la mémoire, positive sur le premier groupe, négative sur le second ! La vie semble donc fonctionner en accord avec nos croyances, à moins qu'un événement ne survienne pour nous obliger à reconsidérer les choses. Ou bien que l'on décide soi-même de les revisiter...

## À vous de jouer !

### ○ Où en êtes-vous de vos croyances ?

Pour savoir où vous en êtes, nous vous proposons ce petit exercice. Prenez une feuille et inscrivez les mots « quinqua » et « senior ». Notez ensuite tous les termes ou expressions qui vous viennent à l'esprit, sans porter de jugement de valeur. Vous pouvez également compléter les phrases suivantes :

- La cinquantaine, c'est...
- La ménopause, c'est...
- La retraite, c'est...
- Vieillir, c'est...

Le but ? Faire émerger vos croyances ressources et celles qui vous limitent. Ensuite viendra le temps d'analyser les résultats. Pour certaines, la ménopause rime avec : « Chouette, plus de règles tous les mois ! » Pour d'autres : « Finie, ma vie de femme... » Maintenant, notez tous les plus et les moins que vous attribuez à votre âge actuel, ceux que vous projetez dans dix ou vingt ans. Voilà un bilan qui va vous permettre d'avoir une représentation des croyances sur lesquelles vous devrez travailler.

### ○ Atténuez vos croyances négatives

Comment atténuer une croyance ? En commençant par constater qu'elle n'est pas toujours vraie, en se créant une opinion moins radicale. Il ne s'agit pas d'une méthode Coué, mais d'une remise en question de vos certitudes, et surtout d'un entraînement à ne plus penser uniquement en terme de blanc et de noir. Certes, l'avancée en âge comporte des moments difficiles, comme les autres parties de la vie, mais elle n'est pas une catastrophe pour autant. Cela dit, on ne passe pas comme par magie d'une croyance négative à un optimisme béat. L'idée est de commencer à introduire un peu de doute : et si prendre de l'âge n'était pas le naufrage annoncé ? Sans y croire encore tout à fait, nous avons envie d'envisager cette hypothèse. À votre avis, qu'est-ce qui déclenche votre croyance ? Des personnes dans votre entourage qui vieillissent mal, ce que vous lisez dans les médias ? Avez-vous des preuves qui étayent votre jugement ? Toutes vos amies pensent-elles comme vous ? Qu'est-ce qui pourrait atténuer votre sentiment ? N'y a-t-il vraiment personne dans votre entourage qui vive bien cette période ? Cherchez bien...

### ○ Substituez une croyance par une autre

Maintenant que le doute s'est insinué, soyez attentif à ce qui vient contredire votre croyance ancienne, et repérez tout ce qui va dans le sens de la nouvelle. Bref, restez l'œil ouvert sur le positif ! Prenons votre croyance selon laquelle avec l'âge il devient impossible de se faire des amis. Votre travail sera de repérer autour de vous, chez vos proches, les amitiés qui viennent de naître. Gageons que cela vous permettra plus facilement à vous aussi de faire de nouvelles rencontres. Vous pouvez même aller jusqu'à écrire les croyances que vous voulez adopter, tant l'écrit donne toujours plus de poids à ce que l'on fait, ce que l'on croit. Inscrivez aussi vos doutes, vos « oui, mais » et complétez votre carnet au fur et à mesure que vous vous ouvrez : vous constaterez ainsi le chemin parcouru !

### ○ Surveillez votre vocabulaire

Attention aux formules « ce n'est plus de mon âge », « je suis vieux maintenant », alors que vous n'avez que 60 ans : aujourd'hui, personne n'est vieux à cet âge, sauf si vous en êtes persuadé, sauf si, pour justifier votre croyance, vous ralentissez inconsciemment toutes vos activités, abandonnez le ski et achetez une belle paire de charentaises écossaises ! Nous venons de le voir, le pouvoir des mots est fondamental, tant le langage structure nos comportements et nos émotions. Vous en doutez ? Répétez en boucle : « Qu'est-ce que j'en ai marre ! », vous allez voir votre moral dégringoler. Une phrase comme « Oui, je commence à croire » va renforcer des circuits, vous permettre d'entrevoir une possibilité de changement... ce qui va nous conduire tout doucement vers des croyances plus positives.

### ○ Prenez des modèles positifs

L'imitation et l'identification jouent un rôle important dans l'apprentissage de nouveaux comportements, c'est vrai à 2 ans comme à 50 ! Aussi, ceux qui ont la chance d'avoir des personnes autour d'eux qui vieillissent bien seront moins enclins à développer des croyances négatives sur l'âge. Ce n'est pas votre cas ? Constituez-vous des modèles d'avancée en âge que vous trouvez réjouissants. Soyez attentif aux personnes auxquelles vous aimeriez ressembler plus tard. Cette dame de 80 ans qui continue à se faire belle pour aller au marché et joue aux cartes tous les jours avec un groupe d'amies, ce monsieur du même âge, engagé dans l'humanitaire et qui accompagne ses petits-enfants au foot à vélo. Et la voisine acariâtre qui préfère ses chats aux humains ? C'est décidé, vous ne serez pas comme elle !

### ○ Projetez-vous dans l'avenir

Comment vous imaginez vous dans dix, quinze ou vingt ans ? À qui auriez-vous envie de ressembler ? Qui aimeriez-vous être ? Qu'aimeriez-vous faire que vous n'avez pas encore fait ? Visualisez la scène, tous sens en éveil... « Je parle l'italien, je loue chaque année une petite maison au bord de la mer, je nage tous les matins et, quand je rentre, l'odeur des pins se mélange à celle du pain grillé », « Je vis en cohabitation avec des amis, nous nous entraidons, nous faisons le jardin ensemble, il sent bon l'herbe coupée »... Adoptez encore la technique du « faire comme si » permet de tester une nouvelle façon de se comporter : si je pensais qu'une femme de 55 ans est toujours séduisante, comment je me comporterais ? Comment je m'habillerais ? Qui est-ce que je fréquenterais ? Si je pensais qu'à 85 ans, il est possible d'être autonome et heureux, comment est-ce que je me verrais ?

### ○ La croyance en soi, un ingrédient indispensable...

Il ne faudrait pourtant pas croire qu'il suffit de visualiser un avenir positif pour parvenir à ses fins.

Si une personne se voit en train de réaliser un projet mais que, au fond, elle ne croit pas en ses capacités de réussite, le projet échouera, venant renforcer une fois de plus la certitude qu'elle en est incapable. L'expérience des gymnastes est à ce sujet éclairante : on a demandé à un groupe de s'entraîner à visualiser la réussite d'un geste, tandis qu'un autre groupe n'avait reçu aucune consigne. Deux semaines plus tard, le groupe entraîné enregistrait 60 % de réussite, contre 10 % pour le groupe non entraîné. Toutefois, pourquoi, malgré la visualisation, 40 % du premier groupe n'y parvenaient pas non plus ? Parce que ces derniers ne croyaient pas en eux. On le voit, si nous sommes en proie à de trop nombreuses croyances négatives sur nous-mêmes, il ne suffira pas de penser autrement pour agir autrement. Si ce travail ne suffit pas à changer vos croyances, elles ont sans doute des racines plus profondes et nécessitent un travail accompagné. Peut-être sont-elles liées à une mauvaise estime de vous-même ?

# 3
# Renforcez votre estime de soi

> « Personne ne peut vous faire éprouver un sentiment d'infériorité sans votre consentement. »
>
> Eleanor Roosevelt

## Qu'est-ce que l'estime de soi ?

L'estime de soi est le jugement de valeur que je porte sur moi, mais aussi l'émotion que suscite ce jugement. Comment reconnaître une personne ayant une bonne estime d'elle-même ? Sans être prétentieuse, elle pense être quelqu'un de bien, elle n'est pas catastrophée quand elle fait une erreur, ne s'accable pas de reproches et n'est pas effondrée non plus quand quelqu'un ne l'apprécie guère. Elle peut demander de l'aide sans se sentir inférieure ni avoir peur d'être faible, bref, elle s'aime comme elle est, même si elle a conscience de ses défauts et est prête à évoluer et à progresser. À l'inverse, une personne ayant une mauvaise estime d'elle-même se trouve souvent « nulle », pense qu'elle ne mérite pas de réussir, d'être aimée. Elle peut ruminer un reproche pendant des jours et a du mal à accepter les compliments. Paradoxalement, elle peut avoir des difficultés à reconnaître ses erreurs et se met facilement sur la défensive, ou bien a tendance à accuser les autres : quand elle tombe à ski, ce n'est pas parce qu'elle a fait une faute de carre, mais parce qu'on lui a loué du mauvais matériel... Toute critique adressée par l'extérieur vient mettre à mal son sentiment de fragilité intérieure, insécurité qui peut se traduire par une arrogance inadaptée ou un repli sur soi. Contrairement à l'idée que véhicule notre société, l'estime de soi n'est pas toujours liée à des réalisations personnelles, ni à des revenus élevés, ou encore à une certaine position sociale, mais à une satisfaction profonde quant à son existence.

## Estime de soi et confiance en soi

Ces deux termes sont souvent confondus. Certes, ils présentent des points communs, mais ne se recoupent pas totalement. En schématisant, la confiance en soi concerne les compétences que l'on se reconnaît, tandis que l'estime de soi réside dans la valeur que l'on s'accorde. Ainsi, la première se traduira par des affirmations : « je suis compétent pour faire ce que je fais, capable de faire face aux difficultés», tandis que la seconde se manifestera par des formules telles que : «je suis quelqu'un de bien», «je mérite d'être aimé», «j'ai de la valeur». En somme, la confiance en soi est plus ponctuelle, concernant des capacités concrètes, tandis que l'estime de soi est un sentiment plus profond. Nous n'avons jamais une trop grande estime de nous-mêmes, tandis que nous pouvons avoir trop confiance en nous. Cet excès peut nous conduire à prendre des risques inutiles, comme de courir dix kilomètres quand on vient juste de se remettre au jogging, là où une confiance en soi bien dosée nous aurait permis d'évaluer lucidement nos capacités réelles. Quant à la personne dotée d'une bonne estime de soi qui ne se pense pas capable de faire une activité, soit elle renonce momentanément le temps d'acquérir les compétences nécessaires, soit elle fait de son mieux si elle n'a pas le choix, soit encore elle abandonne pour se tourner vers une autre. Dans la même situation, la personne dotée d'une mauvaise estime de soi ruminera «de toute façon, je rate tout ce que j'entreprends, je n'ai jamais été douée pour quoi que ce soit»...

## De quoi se nourrit l'estime de soi ?

Elle est alimentée en premier lieu par le discours parental et familial. Les messages reçus pendant l'enfance face à nos réussites et nos échecs, les félicitations ou le silence et les dénigrements favorisent ou sapent l'estime de soi. Prenons deux enfants qui apprennent à faire du vélo et tombent sous les yeux de leurs parents. Le premier est relevé par un parent encourageant : « Tu as vu ? Tu n'as même pas eu peur, allez, recommence, je te tiens un peu la selle, je suis sûr que tu vas y arriver. » Le second est relevé par un parent fâché qui soupire : « Bon, terminé pour aujourd'hui, tu es tellement maladroit – comme ton père, ta mère – je me demande si tu tiendras un jour sur un vélo. » Répétez ce genre de scène dans différents domaines durant des années et vous obtiendrez une bonne et une mauvaise estime de soi...

La bonne nouvelle ? L'estime de soi se nourrit aussi tout au long de notre vie de nos réussites, des signes de reconnaissance, et les marques de sympathie, d'affection, les compliments peuvent réparer une enfance peu gratifiante. Il faut savoir toutefois que l'estime de soi nourrie par l'extérieur, reposant sur une réussite professionnelle par exemple, est moins stable que l'estime de soi intérieure, même si elle peut aussi panser les plaies du passé. Malgré l'attitude dévalorisante ou indifférente de notre entourage, nous avons quand même réussi dans notre vie, et nos succès nous ont permis de développer notre confiance en nous, d'améliorer notre estime de nous-mêmes. Toutefois, cette dernière reste plus fragile et si, par exemple, elle n'a été entretenue que par le travail, que se passe-t-il une fois la retraite venue ? D'où l'importance de multiplier les sources de valorisation...

## Bonne humeur d'un côté, mauvaise humeur de l'autre

Une bonne estime de soi renforce la bonne humeur, et réciproquement. Elle nous permet d'oser, de réaliser ce qui est important pour nous et de mieux évaluer ce que nous pouvons faire. Or agir améliore l'humeur lorsque l'action choisie a du sens pour nous et un impact sur notre environnement. Réaliser un projet personnel entraîne alors un retour positif sur soi, augmente la confiance en ses capacités, renforce l'estime de soi, le cercle vertueux est en marche ! En revanche, la mauvaise estime de soi nous pousse à ressentir davantage de peur face aux situations stressantes, entraînant une difficulté à entreprendre : comme l'énergie est manquante, l'échec est plus fréquent, venant valider l'impression d'être nul, la boucle est bouclée...

## L'estime de soi au fil du temps

L'ennui, lorsqu'on arrive à 50 ou 60 ans avec une piètre estime de soi, c'est que le contexte ne va guère nous aider à la remonter. L'avancée en âge, la retraite, les difficultés personnelles que l'on peut rencontrer à ce moment de la vie peuvent altérer la confiance en soi. Si j'ai une bonne estime de moi, je vais relativiser : quand je cours avec mon fils ou mon petits-fils, il me passe allégrement devant, mais l'important est le plaisir que j'ai à courir avec lui, je me moque d'être le premier. Les hommes ne se retournent plus sur moi à la plage ? Certes, mais au cours d'un dîner, je les fais rire, je suscite leur intérêt, malgré quelques rides. Je sais que j'ai de la valeur, quelles que soient mes limites. Bien sûr, ce sentiment n'est pas permanent, il y a des jours où nous nous sentons plus ou moins apte à faire la part des choses, il est normal d'avoir des hauts et des bas. La personne dotée d'une bonne estime d'elle-même n'avance pas dans la vie comme un pinson insouciant !

## La bonne estime de soi améliore la relation aux autres

La bonne estime de soi nous permet de développer un réseau amical et social, très important tout au long de notre vie, et particulièrement dans la maturité. Elle nous aide à porter sur les gens un regard positif car nous n'avons pas peur qu'ils abusent de nous, nous leur faisons a priori confiance, et tant pis si nous nous trompons ! « À l'instant où l'on admet qu'il vaut mieux être trompé que se méfier, nous sommes invulnérables », remarquait la romancière Françoise Sagan. Nos relations amicales alimentent notre estime de soi – les gens nous aiment bien, nous nous sentons appréciés – d'où la nécessité en revanche de nous débarrasser des relations toxiques qui nourrissent une mauvaise estime, comme nous le verrons dans le chapitre 9 « Plus belle la vie avec les autres ».

## Le poison de la comparaison sociale

La psychologie sociale montre que plus nous nous comparons aux autres, plus nous avons tendance à ressentir des émotions négatives comme la jalousie, l'envie, l'insatisfaction, même quand la comparaison est censée nous remonter le moral, comme le classique « il y a plus malheureux que moi » qui n'a jamais consolé personne... La comparaison avec les autres n'est pas favorable à la bonne humeur, donc à la bonne estime de soi, comme le montrent plusieurs expériences. Lorsque des femmes regardent défiler une succession d'images de belles femmes, elles ont une plus mauvaise image d'elles-mêmes après cette projection, et le même phénomène se constate quand on montre des hommes très musclés à d'autres hommes : la satisfaction vis-à-vis de leur corps diminue. C'est dire le rôle néfaste et déprimant des publicités qui nous abreuvent sans cesse de corps parfaits, et la nécessité de trouver par nous-mêmes des modèles positifs d'identification accessibles ! Ajoutons que la mauvaise estime de soi nous rend réceptifs à ces messages et nous pousse à acheter ce que l'on nous recommande pour rester jeune et mériter ainsi la reconnaissance des autres. Une bonne cible marketing pour les marchands d'éternité...

## À vous de jouer !

○ **Devenez votre meilleur ami**

Apprenez à vous parler avec gentillesse et bienveillance, à vous encourager quand vous devez faire des efforts. De même, essayez d'être indulgent avec vous en cas d'échec, comme le serait votre meilleur ami. D'ailleurs, si c'était lui qui avait des difficultés, que lui diriez-vous ? Vous ne l'accableriez certainement pas de reproches. Et votre ami, que vous dirait-il pour vous défendre ou vous rassurer ? Vous faites de votre mieux pour essayer de changer, c'est déjà un premier pas, ce qui ne vous empêchera pas de tirer des enseignements de vos difficultés et de vos échecs. Il s'agit d'être indulgent, sans être complaisant. Quand vous doutez de vous, souvenez-vous d'un moment où vous avez eu la certitude d'avoir été quelqu'un de bien, de compétent. Repensez de façon précise à la scène pour vous reconnecter aux sensations agréables qui ont accompagné la situation. Vous voyez, ça va déjà beaucoup mieux...

### ○ Adoucissez votre petite voix intérieure

Nous avons souvent une petite voix intérieure qui nous susurre en cas de réussite : « Allez, cela ne va pas durer, une fois n'est pas coutume ! » et qui, en cas d'échec, nous fait ruminer sur notre incompétence et ce que nous aurions dû faire... Ces formules sont un vrai poison, elles gâchent inutilement les bons moments de la vie, accentuent nos difficultés et sont dévalorisantes. Bannir définitivement de son langage ces formules assassines n'est pas toujours facile, mais on peut s'y entraîner ! Dès que vous vous sentez glisser sur la pente de l'autodépréciation – « je suis trop bête », « c'est tout moi, ça, de ne pas savoir »... –, agitez votre sonnette d'alarme. Essayez alors de remplacer ce message par « je me suis trompé ». Prenons garde à ne pas généraliser, au risque de nous infliger une double peine : non seulement nous avons échoué et en plus nous nous flagellons !

### ○ Ne vous réduisez pas à vos échecs

Il ne s'agit pas de nier vos erreurs, mais de passer par une phase d'acceptation : « Oui, j'ai fait une erreur, oui, je suis en colère ou triste. » Cette phase est plus apaisante que de chasser la pensée d'un revers de la main par un « J ai perdu, et alors ? », ou de lutter de toutes vos forces contre votre déception. En prendre acte vous permettra de rebondir plus calmement. Dans un deuxième temps, faites la différence entre ce que vous avez fait et qui vous êtes. Ce n'est pas parce que je rate un bricolage que je suis maladroit. Ce n'est pas parce que j'ai envie de faire de la relaxation et que je n'y arrive pas que je suis une vraie paresseuse. Même si j'*ai* ce comportement, je ne *suis* pas ce comportement.

○ **Félicitez-vous, fêtez vos succès !**

À chaque réussite personnelle, chaque progression, félicitez-vous, faites vous vous-même un petit cadeau quand vous franchissez une étape ou un obstacle. Vous pouvez l'écrire noir sur blanc ou le matérialiser, comme cet homme qui, ayant repris des études, déposait un galet dans un vase transparent à chaque fois qu'il réussissait un examen : il pouvait ainsi constater de visu ses progrès et s'en réjouir. Mais il n'y a pas que les réussites aux examens dans la vie ! La journée est souvent ponctuée de petites victoires : réussir un gâteau au chocolat délicieux, voir le rosier dont vous avez pris tant de soin s'épanouir, avoir eu le courage d'aller courir sous la pluie... Jouissez pleinement de ces réussites et repensez-y le soir avant de vous endormir : rien de tel pour combattre les ruminations si néfastes au sommeil !

### ○ Trouvez votre juste place

Lorsque nous sommes catalogués comme seniors, nos rôles sont bouleversés, notre place est souvent remise en question, malmenée, ce qui peut nous conduire à douter et à nous interroger sur notre utilité. Or savoir que nous avons une place dans le monde nous aide à avoir une bonne estime de soi, tout en sachant qu'elle n'est jamais donnée d'avance ni acquise définitivement, qu'elle se gagne et reste à conquérir plus encore à la maturité. Comment faire ? Revenez à votre bilan de vie et privilégiez les activités, les personnes, les situations qui vous donnent une bonne image de vous-même, le sentiment d'avoir une place. Et quand ce n'est pas le cas, demandez-vous si c'est lié à l'environnement, à votre comportement ou à celui des autres. Ainsi, dans mon cours de gym, j'ai du mal à me lier, alors que la plupart des participants se parlent et rient ensemble. Est-ce qu'ils se connaissent depuis longtemps ? Est-ce que je reste très en retrait et ne parle moi-même à personne ? Ou est-ce le groupe qui est peu ouvert aux autres ? En fonction de la réponse, je peux décider de changer mon comportement ou... de cours de gym. Poursuivez : quelle place avez-vous dans votre famille, votre travail, avec vos amis ? À 50, 60 ans, il est bon de le savoir, même si on ne peut pas la trouver partout et avec tout le monde. La maturité, c'est être capable d'évaluer ces situations, de s'autoriser à quitter les groupes où nous ne nous sentons pas à notre place, tout en nous réconfortant à l'idée d'en avoir une quelque part.

### ○ Prenez soin de votre corps

Chouchouter son corps, c'est lui accorder de la valeur et, par-delà l'enveloppe, donner de la valeur à toute votre personne. Habillez-vous avec soin, offrez-vous des massages, allez chez le coiffeur régulièrement, nourrissez-vous correctement, autant de gestes qui alimentent votre estime de soi. Savez-vous que faire du sport améliore considérablement l'image de soi ? De nombreuses études le prouvent, comme nous le verrons plus en détail dans le chapitre 8 « Votre corps, un ami à traiter avec bienveillance ».

### ○ Affirmez-vous !

La scène est classique, nous l'avons tous vécue un jour. Après avoir essayé plusieurs paires de chaussures, de peur de froisser la vendeuse – dont c'est le travail –, nous ressortons avec un modèle qui ne nous plaît pas. Observez vos émotions quand vous devez dire non. Vous êtes en sueur, mal à l'aise ? Entraînez-vous à la maison en visualisant la scène : que se serait-il passé si vous aviez réussi à sortir les mains vides ? Au pire, une moue renfrognée de la vendeuse... Apprenez à dire non, à exprimer clairement ce que vous pensez, ce que vous ressentez, sans pour autant être agressif. Il existe de nombreux livres pour vous y aider, et si vous avez envie d'être soutenu, pourquoi ne pas participer à des groupes d'affirmation de soi ?

### ○ Suivez les décisions de votre bilan de vie

Le bilan de vie vous a servi à définir vos priorités, vos capacités ; chercher à les réaliser sera source d'une meilleure estime de soi ! Ne vous laissez pas distraire de vos projets, restez positif et centrez-vous sur vos progrès, en relativisant les obstacles. Mieux : listez d'un côté les problèmes, de l'autre votre démarche pour les surmonter, une bonne façon d'y voir plus clair.

### ○ Consultez, si vous avez une trop mauvaise estime de vous-même

Une fois encore, les « y a qu'à » et les « faut que » ne serviront pas à grand-chose en cas d'estime de soi vraiment trop basse. Si vous avez suivi ces conseils sans succès, mieux vaut consulter un thérapeute pour comprendre l'origine de votre faible estime de vous et y remédier avec son aide. Reportez-vous au chapitre 7 « Guérissez les blessures du passé ».

# 4
# Cultivez votre optimisme

> « L'optimiste pense qu'une nuit est entourée de deux jours, le pessimiste, qu'un jour est entouré de deux nuits. »
>
> Francis Picabia

## Qu'est-ce que l'optimisme ?

L'optimisme s'enracine dans la confiance en soi, en l'avenir, dans la capacité à privilégier le bon côté de l'existence et à savourer le plaisir de vivre. Il ne s'agit pas d'un état d'esprit simpliste qui consiste à voir toujours le verre à moitié plein, quelle que soit la réalité de la situation. Non, l'optimisme dont nous parlons n'a rien à voir avec une vision béate et naïve de la vie. La personne dotée de cette qualité – car c'en est une, incontestablement – ne nie pas les épreuves à surmonter. Elle ne reste pas non plus les bras croisés, le sourire aux lèvres, attendant que la situation s'arrange comme par miracle. Face à une difficulté, elle a la volonté de chercher une solution, même si elle n'est pas sûre à 100 % de parvenir à résoudre le problème. Sa devise ? « Agir plutôt que gémir », car optimisme et action sont étroitement liés. Là encore, cette énergie dépend en grande partie de la confiance en soi : il faut se penser capable de rebondir pour affronter un obstacle, quel qu'il soit.

## Avoir du pouvoir sur sa vie

Les psychologues distinguent les personnes qui disposent d'un contrôle interne sur leur vie de celles qui s'en remettent à un contrôle externe. Les premières se sentent responsables de ce qu'elles vivent, ce qui les pousse à se donner des objectifs et les moyens de les atteindre, en tenant compte de la réalité et de leurs possibilités, ayant pris le temps de se connaître. Ce sont bien sûr des optimistes. En cas d'échec, elles cherchent à améliorer la situation puisqu'elles estiment que la solution dépend en partie d'elles. Elles pensent également qu'il existe toujours des choix dans la vie, plusieurs possibilités à explorer. À l'inverse, les secondes, les pessimistes, ont tendance à s'en remettre au hasard, à la chance ou à la malchance pour diriger leur barque et sont moins portées à l'action : après tout, si je pense que je n'ai jamais de chance, pourquoi faire des efforts pour modifier quoi que ce soit ? Ce sont elles qui cèdent le plus facilement aux sirènes négatives sur l'âge. Laissons-les méditer cette phrase : il est toujours trop tôt pour penser qu'il est trop tard pour être heureux.

## Comment pense un optimiste ?

La comparaison entre le pessimiste et l'optimiste nous permet de bien saisir deux fonctionnements que tout oppose. L'optimiste est persuadé que ce qui lui arrive de positif ne peut que se reproduire, que le mauvais n'est que passager, tandis que, dans les mêmes situations, le pessimiste pensera que c'est un coup de chance qui ne va pas durer, et que le malheur, lui, s'éternise. Un exemple ? Face à un état de fatigue, l'optimiste se dit qu'il n'est pas en forme *en ce moment* tandis que le pessimiste soupire qu'il est *toujours* fatigué. La tendance à généraliser le négatif est encore le lot du pessimiste. Face à une injustice, il va se plaindre : « De toute façon, *tous* les jeunes sont égoïstes », l'optimiste, lui, relativise : « *Ce jeune* est égoïste. » Enfin, l'optimiste, puisqu'il a le sentiment d'être pour quelque chose dans le déroulé de sa vie, va personnaliser ses réussites. Lors d'un concours où les deux seront reçus, l'optimiste dira : « J'ai gagné parce que j'ai bien travaillé », le pessimiste minimisera sa victoire : « C'était une épreuve facile ! »

## L'optimisme, c'est bon pour la santé et pour la réussite

Les émotions positives générées par l'optimisme sont un vrai capital santé ! Ainsi, elles préviennent entre autres les maladies cardiaques, renforcent le système immunitaire et aident à mieux faire face au stress. De même, de nombreuses expériences ont montré que l'optimisme aidait à réussir dans la vie. Un entraîneur de natation de l'université de Berkeley a fait passer des tests à ses nageurs, leur demandant de faire de leur mieux dans la nage où ils s'estimaient les plus compétents. Il les chronométra et leur donna un temps supérieur à leur temps réel. Quelques jours plus tard, il leur fit repasser la même épreuve. Résultat : découragés, ceux qui étaient plutôt pessimistes obtenaient un temps encore moins bon, alors que les optimistes soit avaient maintenu leur score, soit l'avaient amélioré, témoignant d'une belle capacité à rebondir.

## On ne naît pas optimiste, on le devient

Oui, mais alors que faire si l'on a une tendance au pessimisme ? Tout d'abord ne pas considérer cette inclination comme un trait de caractère inné, qui rejoindrait votre propension à penser la vie en terme de destinée. Il ne s'agit pas non plus de nier toute prédisposition génétique. Le psychiatre Boris Cyrulnik nous rappelle que nous ne sommes pas égaux devant le bonheur. Dès notre naissance, nous avons des dispositions plus ou moins fortes à l'anxiété, la peur, la confiance. En effet, le sentiment de bonheur et de malheur est lié en partie à la production par notre organisme d'une substance chimique, la sérotonine, véritable antidépresseur naturel. Or nous naissons « gros ou petits transporteurs de sérotonine », pour reprendre l'expression de Cyrulnik[1].

Cela signifie-t-il qu'il n'y a rien à faire, que tout est joué avant même notre premier sourire ? Pas du tout. En fait, la génétique n'interviendrait, selon les chercheurs, que pour 40 % dans notre capacité à être optimiste. Reste 60 % de marge de manœuvre laissée à l'environnement, l'éducation, l'entraînement... Les moines bouddhistes, qui font preuve d'une grande sérénité et pratiquent la méditation assidûment, ont la zone de leur cerveau où siègent les émotions positives nettement plus développée que la moyenne, preuve que la vie peut avoir une action réelle sur nous et même sur la structure de notre cerveau.

1. Voir B. Cyrulnik, *De chair et d'âme*, Odile Jacob, 2006

## Attention à la dictature du bonheur !

Les revers de la vie peuvent entraver momentanément nos projets, notre humeur. Pas question de nier nos fragilités, nos faiblesses, qui sont aussi une richesse et font que l'on nous apprécie, sans oublier que les pensées négatives ont leur raison d'être en nous protégeant contre les prises de risques inconsidérées. Il s'agit simplement de rééquilibrer lucidement la balance. Si être ou devenir optimiste est possible, ce n'est ni un devoir ni un ordre, mais une invitation à développer des capacités pour mieux être et mieux vivre. Les unes des magazines et une flopée de livres sur le développement personnel n'ont que le mot bonheur à la bouche, comme s'il était possible de nager dans un océan de béatitude trois cent soixante-cinq jours par an, comme si, encore, il dépendait exclusivement de nous. Cette affirmation peut se révéler très néfaste pour ceux que la vie malmène : non seulement le sort les accable, mais ils se sentent coupables de ne pas être heureux...

## La gratitude rend optimiste

Nous pensons souvent qu'il faudrait d'abord que nos soucis disparaissent pour parvenir au bonheur, alors que c'est en nourrissant notre vie de petites joies au quotidien que nous traversons les épreuves plus facilement, la gratitude constituant un puissant carburant. C'est elle qui nous pousse à reconnaître les bienfaits de la vie, la bienveillance des autres à notre égard, puis à leur exprimer notre reconnaissance. Ainsi, trois groupes de personnes devaient tenir un journal. Le premier groupe notait tous les événements quotidiens, sans jugement, le deuxième, seulement les expériences désagréables. Quant au troisième, il dressait la liste des événements pour lesquels il éprouvait de la gratitude. Au bout de deux mois et demi, les personnes du troisième groupe se montraient nettement plus optimistes et plus énergiques, avaient moins de problèmes de santé et de sommeil. Comme le conseille Robert Emmons, « Si vous souhaitez mieux dormir, comptez les bienfaits, pas les moutons[1]. » Il a également été démontré que les personnes reconnaissantes sont moins déprimées et ont nettement plus de souvenirs positifs, car la gratitude rend les aspects joyeux de la vie plus saillants, et donc plus mémorisables. Par ailleurs, le sentiment de reconnaissance se nourrit aussi de la bienveillance des autres : si quelqu'un m'aide ou me fait un cadeau, c'est que je suis quelqu'un qui le mérite, que je suis aimé. Le monde n'est pas peuplé que de loups, quelqu'un m'a tendu la main et je prends conscience des effets de la solidarité. La

1. Voir R. Emmons, *Merci !, Quand la gratitude change nos vies*, Belfond, 2008.

gratitude augmente donc la confiance en moi et en l'autre et facilite le développement d'un réseau amical, facteur qui favorise mon bien-être. À l'inverse, une personne ayant des difficultés à ressentir et exprimer sa gratitude, par méfiance ou parfois encore par timidité, peut avoir tendance à se tenir isolée, renforçant ainsi ses craintes vis-à-vis du monde... Chaque humain, expliquait un vieil Indien à son petit-fils, a deux loups en lui qui se livrent une guerre sans merci. Le premier représente la colère, la jalousie, la peur, le second, la gratitude, le sourire, l'espoir. L'enfant demande alors :

– Quel loup est le plus fort ?

– Celui à qui tu donnes à manger, lui répond son grand-père.

Moralité ? Mieux vaut nourrir la bienveillance et le sourire que la méfiance et la rancœur.

## À vous de jouer !

**○ Dites merci**

Ayez l'œil pour repérer les personnes qui font des gestes pour vous et pensez à les remercier : votre collègue de travail qui met le chauffage dans votre bureau avant votre arrivée, celle qui vous offre toujours un café quand elle vous voit soucieux, le conducteur de bus qui s'arrête entre deux arrêts, le facteur qui sonne pour que votre colis ne prenne pas la pluie... L'attention au moment présent est une des conditions nécessaires à la gratitude : comment être reconnaissant pour une action que nous n'avons pas remarquée ? Vous pouvez aussi faire le point sur les personnes qui, par le passé, ont fait preuve de bienveillance envers vous : cette amie qui vous a soutenu lorsque vous étiez déprimé ? Cette tante qui vous a ouvert sa porte quand, adolescent, vous étiez en rébellion contre vos parents ? Faire ce petit exercice depuis votre enfance et jusqu'à aujourd'hui va vous réserver des surprises. Vous vous apercevrez que les moments ont pu être fugaces, mais n'en sont pas moins forts, que des personnes aujourd'hui absentes de votre vie ont été néanmoins très importantes. Peut-être y en a-t-il certaines à qui vous n'avez jamais dit merci, par pudeur, par timidité, parce que l'occasion ne s'en est pas présentée. Si notre éducation nous apprend la politesse, elle nous apprend rarement à exprimer nos émotions, nos sentiments, même quand ils sont positifs. Éprouver de la reconnaissance nous fait du bien et les effets seront démultipliés si vous remerciez ces personnes aujourd'hui. Elles sont éloignées ? Pourquoi ne pas leur écrire ? Cette attention est toujours très émouvante, pour l'auteur comme pour le destinataire. Une fois encore, nous ne deviendrons pas reconnaissants en claquant des doigts, c'est une qualité qui se cultive au long cours. La première démarche consiste déjà à être bienveillant vis-à-vis de soi, puis d'essayer petit à petit de devenir plus reconnaissant, non seulement envers les personnes, mais aussi envers la vie et les bonheurs qu'elle procure.

### ○ Tenez le carnet de vos petits et grands bonheurs

Ouvrez un joli cahier ou un carnet et écrivez les événements heureux de la journée. Notez les actions dont vous êtes fier, les moments où vous vous êtes trouvé compétent, utile, les personnes que vous avez soutenues, ou qui vous ont aidé. Il ne s'agit pas forcément de grandes réalisations : vous pouvez inscrire que votre gratin dauphinois était particulièrement réussi, que vos tomates n'ont jamais été aussi belles, que vous avez remonté le moral en berne de votre meilleur ami... Peut-être allez-vous vous dire que les occasions de bonheur sont rares dans votre journée ? Il ne s'agit pas du bonheur avec un grand B, mais des petites joies qui jalonnent la vie : un rayon de soleil qui réchauffe derrière la vitre, le sourire de la boulangère... Certains penseront : À quoi bon perdre mon temps à noter ces broutilles ? Parce qu'en vous focalisant sur ce qui vous fait du bien, en l'écrivant ensuite, vous améliorez votre humeur et le sentiment de satisfaction vis-à-vis du monde, sur le moment et bien au-delà. Vous découvrirez peut-être au passage que votre vie est beaucoup plus agréable que vous ne le pensiez...

Commencez peut-être en vacances, où vous avez plus de temps et êtes plus ouvert aux sensations, ensuite, le pli sera pris. Peut-être que, dans les premiers temps, le carnet vous paraîtra pauvre, ou redondant. Évitez de formuler à l'identique d'un jour sur l'autre ce que vous notez, au risque que ce carnet devienne très contre-productif. Comment cela, je ne vis rien de mieux ? Plus vous serez attentif au déroulement de votre journée, plus vous remarquerez les détails positifs et commencerez à ne plus considérer les bienfaits de la vie comme acquis. Pour avoir un effet durable, il faut le tenir régulièrement. Toutefois, ne vous imposez pas de l'écrire chaque jour si vous courez après le temps ou si c'est trop contraignant. Choisissez le moment et la fréquence les plus faciles pour vous. L'avantage encore de ce carnet ? Il nous pousse à être plus présent à notre vie, pour consigner ensuite ce qui nous réjouit. Si vous n'aimez pas écrire, dessinez, enregistrez-vous dans un dictaphone, bref, trouvez le moyen qui vous correspond le mieux pour garder précieusement ces instants de bonheur. Ces trésors, que vous pourriez feuilleter régulièrement, seront encore plus précieux dans les périodes difficiles. Ils vous reconnecteront avec tous les bons moments où vous vous êtes senti un humain digne d'intérêt, en harmonie avec la nature, relié à ce qui est beau et bon pour vous.

### ○ Profitez de l'ici et du maintenant

Eleanor Roosevelt aimait à rappeler : « Hier était de l'histoire, demain est un mystère, aujourd'hui est un cadeau. » Changez votre attitude en ne laissant pas défiler votre vie sans y prêter suffisamment d'attention, ou en étant constamment projeté dans le passé ou le futur. Chacun d'entre nous a tendance à ruminer les événements désagréables ou à penser à toutes les tâches restant à accomplir. Nous connaissons tous des personnes qui regardent leur montre pendant un concert. Cette aptitude à être dans le moment présent est un entraînement : pensez à regarder les paysages quand vous vous déplacez en voiture, admirez les beaux monuments sur le trajet de votre travail, soyez attentif aux gens que vous croisez, notez les détails que vous n'aviez jamais vus, auxquels vous ne prêtiez pas attention : les belles couleurs des arbres selon les saisons, les jolies maisons. Lorsque vous avez une conversation avec quelqu'un, soyez réellement dans l'échange, présent à l'autre. Vous sentirez vite les bénéfices d'une telle attitude.

### ○ Listez vos souvenirs heureux

Quels sont vos meilleurs souvenirs ? Si vous ne l'avez pas fait lors du bilan, c'est le moment ! Essayez d'être le plus précis possible car des études montrent que plus vous êtes détaillé sur les sensations auditives, visuelles, gustatives, olfactives qui accompagnent cet événement, plus vous le vivrez comme si vous y étiez encore, plus le bénéfice sera important. La mémoire sensorielle renvoie à la mémoire émotionnelle, nous le savons bien depuis que Proust a célébré la petite madeleine de son enfance trempée dans la tasse de thé ! Si vous repensez à l'événement comme si vous y étiez encore, vous éprouverez alors le même apaisement, la même sérénité ou la même joie que la première fois parce que les mêmes hormones du bonheur seront libérées. Relisez régulièrement votre liste : des personnes à qui il avait été demandé de se plonger deux fois par jour dans leurs souvenirs heureux voyaient augmenter leurs émotions positives de façon durable. Vous pensez peut-être que ces souvenirs risquent de vous rendre triste, nostalgique d'un passé qui n'est plus ? C'est pourtant l'inverse qui se passe. Contre toute attente, une étude a démontré que se plonger dans ses bons souvenirs améliore l'humeur, augmente l'estime de soi et renforce les relations aux autres. Il n'y a qu'à jouer au jeu des « je me souviens » avec des amis de notre génération pour constater à quel point la nostalgie est douce…

### ○ Fabriquez-vous une boîte à bonheur

Dans le même ordre d'idée, déposez dans une jolie boîte des photos de personnes que vous aimez, de lieux où vous vous sentez bien, des objets précieux à vos yeux, des lettres, des échantillons de parfum que vous affectionnez, la reproduction d'un tableau que vous admirez. Le but ? Non seulement cette boîte vous permettra de vous replonger dans les souvenirs heureux quand vous l'ouvrirez, mais elle vous rassurera : tous ces moments de bonheur vous appartiennent, ils sont désormais à portée de main, concrètement.

### ○ Accordez-vous un ou deux petits bonheurs quotidiens

Chaque jour, accordez-vous un moment pour ne penser qu'à vous, pour vous ressourcer : prenez un café à une terrasse, plongez-vous dans un bain moussant, regardez un beau tableau ou écoutez un disque qui vous enchante, ou encore dansez et chantez sur un air de salsa... vous seul savez ce qui vous fait vraiment du bien ! Votre emploi du temps est chargé ? Allons, il est toujours possible de dégager dix minutes par jour quand on en fait une priorité ! Si vous aviez des exercices à faire chez le kinésithérapeute, vous les feriez ? Prenez ce temps pour vous comme une rééducation au bonheur... Et ne vous cachez pas derrière des ennuis financiers : flâner au soleil, marcher au bord de l'eau, écouter un peu de musique ne coûtent rien. Ces moments sont encore plus précieux quand le bateau de votre vie se met à tanguer. Certes, ces parenthèses enchantées ne vous feront pas retrouver un emploi ou un nouvel amour, mais elles vous redonneront de l'énergie, rechargeront vos batteries pour mieux y parvenir.

### ○ Projetez-vous dans un futur positif

Les moments d'endormissement et de réveil nous rendent particulièrement perméables à nos pensées et à nos émotions, qu'elles soient positives ou négatives. C'est pourquoi le soir, avant de vous endormir, repensez aux moments agréables de la journée, mais aussi à ceux à venir : demain, vous allez vous rendre à votre atelier de céramique, admirer les feuillages d'automne dans le parc que vous longez pour aller chez le dentiste, travailler sur un projet qui vous passionne... Là encore, il ne s'agit pas de projets pharaoniques, mais de bonheurs accessibles et réalisables. Revisitez vos projets, pensez à vos progrès. Il a été démontré que des personnes qui projetaient tous les soirs quatre événements positifs susceptibles de leur arriver le lendemain étaient plus heureuses, comparées à celles qui ne projetaient que des événements neutres... Envisagez la journée du lendemain mais aussi les jours suivants, pour répartir plus sûrement les moments de bonheur...

### ○ Provoquez les petites réussites en cas de moral en berne

Vous n'avez pas le moral ? Il est avéré qu'une activité débouchant sur des résultats concrets sort de la morosité. Dans les moments de creux de vague, poussez-vous à choisir une activité simple, qui ne nécessite pas trop d'efforts et que vous avez toutes les chances de réussir : votre sauté de veau, repeindre votre table de travail... Ces petits succès vous donneront du baume au cœur, première pierre pour remonter doucement la pente.

### ○ Partagez votre bonheur avec les autres

Vous avez vécu un événement joyeux ? Sachez que plus vous le racontez, plus vous renforcez votre bien-être. Partager son bonheur à plusieurs le rend plus intense, et plus le groupe est grand, plus le bonheur s'accroît ! D'où l'importance d'organiser des rituels, des rassemblements : fêter le printemps avec ses amis, prévoir une « cousinade » avec des cousins que l'on ne voit pas souvent, pendre la crémaillère quand on emménage... Tout plaisir partagé s'amplifie : ainsi, les chercheurs ont pu constater non seulement que nous rions plus quand nous voyons un film drôle à plusieurs, mais aussi que nos défenses immunitaires sont encore plus renforcées, comme si l'effet sur le corps était démultiplié.

### ○ Réjouissez-vous de ce qui arrive d'heureux aux autres

Avez-vous remarqué ? Nous ne sommes pas toujours prompts à nous réjouir du bonheur des autres, comme s'il était un gros gâteau et que nous craignions de ne pas avoir notre part quand les autres ont la leur. Erreur ! Si nous arrivons à éprouver un plaisir authentique en nous réjouissant pour eux, nous resserrons notre intimité et nous nous sentons heureux avec eux. L'idéal est de revivre le moment avec la personne concernée en lui posant le plus de questions précises : « Tu as passé une journée formidable à la mer ? Qu'est-ce que tu as vu ? Qu'est-ce que tu as mangé ? Qui as-tu rencontré ? » Ou bien encore : « Tu as réussi ton entretien d'embauche ? Raconte : qu'est-ce qu'il t'a dit ? Qu'est-ce que tu lui as répondu ? » Pourquoi pas aussi lui offrir un petit cadeau pour fêter cette nouvelle fonction ou cette bonne nouvelle partagée ?

### ○ Faites cesser le petit vélo du négatif

Nous venons de le voir, le pessimisme nous pousse à interpréter les événements dans un sens négatif. Ainsi, vous avez laissé plusieurs messages à une amie, restés sans réponse. Que vous dites-vous ? « Je ne l'intéresse pas. De toute façon, je n'intéresse personne. » Envisagez maintenant un autre scénario : « Elle doit être occupée. » Ou bien : « Elle n'est pas bien en ce moment et je sais qu'elle fuit le téléphone dans ces cas-là. » En abordant son silence sous cet angle, vos pensées négatives vont diminuer à vue d'œil. Après tout, vous n'en êtes qu'aux suppositions. Peut-être qu'effectivement elle est égoïste et ne vous appelle que quand elle a besoin de vous ; il sera temps d'en juger plus tard. Mais il est possible qu'elle soit en déplacement, ce qui l'empêche de vous répondre. Lorsque nous prenons conscience de notre penchant aux interprétations négatives, nous pouvons leur dire stop et nous interroger : ne viennent-elles pas traduire des habitudes de pensée, des ressentis hérités du passé ? Comme le suggère Martin Seligman, un des fondateurs de la psychologie positive, commençons par douter : « Le dépassement des revers de la vie dépend en bonne partie de l'aptitude à clouer le bec aux premières idées que l'on a en cas d'adversité. » Certes, nous ne pouvons pas nous arrêter de penser, mais nous pouvons choisir d'orienter notre petit vélo mental dans un sens plus positif !

### ○ Pratiquez la visualisation positive

Cette technique consiste à envoyer au cerveau des images positives concernant l'avenir. Les premières expériences ont été réalisées avec des personnes atteintes d'un cancer, pour favoriser leur guérison, puis se sont élargies aux sportifs, afin de stimuler leurs performances. Lors de l'entraînement, ils devaient visualiser les bons gestes à faire ainsi que leurs succès à venir. Le principe de la visualisation est simple : notre esprit ne faisant pas la distinction entre ce qui est imaginé et ce qui est réel, lorsque nous nous voyons en train de faire

un geste, ce sont presque les mêmes processus physiologiques qui sont mobilisés que lorsque nous l'effectuons réellement. De nombreux articles parus sur « la musculation par la pensée » relatent cette singulière expérience : des personnes devaient imaginer la contraction d'un muscle quinze minutes par jour, trois semaines d'affilée. À la fin de l'entraînement, la puissance du muscle visualisé avait augmenté, acquis qui perdura au-delà de la période d'entraînement ! La visualisation positive peut vous préparer à mieux vivre des situations à venir. Une réunion importante, un rendez-vous amoureux ? Imaginez-vous en train de vivre l'événement tel que vous aimeriez qu'il se déroule. Ce n'est pas un procédé magique ; cette visualisation positive peut donner des résultats étonnants.
Restons cependant prudents : la visualisation doit être cohérente avec mes capacités, ma personnalité, mon histoire, mes croyances. Si je me visualise en train de battre le record de France du cent mètres nage libre ou lauréat du prix Goncourt, je risque d'être déçu du résultat !

### ○ Souriez au monde

Sourire neutralise les pensées négatives, change notre humeur. Même adopter la mimique du sourire rend plus heureux, comme le montre cette expérience : un groupe de personnes tient un crayon horizontal entre les dents, acte qui mobilise les muscles du sourire, tandis qu'un autre groupe tient le crayon dans la bouche, mine pointée vers l'avant, ce qui le contraint à avoir les lèvres pincées. Eh bien, le groupe au sourire forcé se sent bien plus heureux après cet exercice que celui à l'air renfrogné. Comme quoi, mimer le bonheur, c'est déjà le bonheur ! Vous en doutez ? Tentez l'expérience avec des amis... Quand vous souriez au monde, il a tendance à vous sourire, tant le bonheur est communicatif. Donc, souriez plus souvent, à vous-même dans la glace, aux autres, à ceux qui font la tête : ce n'est pas garanti, mais vous vous donnez une chance que ces derniers changent d'humeur à leur tour. Sourire, c'est offrir sans rien dire. Qui refuserait un cadeau ? Quant au rire, il est le degré supérieur du sourire, nous allons en parler...

# 5
# Riez, c'est bon pour tout !

> « Le rire est le plus court chemin d'un homme à un autre. »
>
> Wolinski

## Le rire en berne

Les statistiques se suivent et ne prêtent pas à sourire : il paraît que nous rions de moins en moins. En 1936, les Français disaient rire dix-neuf minutes par jour, chiffre tombé à six minutes en 1983 et à moins d'une minute aujourd'hui ! Et le pire, c'est que plus l'âge avance, moins nous rions ! Si nous n'y prenons garde, nous allons éteindre nos rires à petit feu. Mais, nous direz-vous, les humoristes ne pullulent-ils pas à l'écran comme à l'antenne ? Certes, mais il existe une différence entre le rire déclenché par un sketch, une émission, un film qui représentent 15 % des occasions de s'esclaffer, et les 85 % restants, qui naissent de nos relations humaines. Or ce sont ces 85 % qui sont en déclin. Bien sûr, il ne s'agit pas de réduire les éclats de rire orchestrés par les amateurs d'audience – car le rire est un cercle vertueux, plus on rit, plus on rit – mais de développer le rire ensemble, sans se contenter de le déléguer aux autres.

## Le rire crée du lien

Ce mode de communication crée un lien instantané entre les gens. Il attire les autres comme un aimant, et nous avons toujours plus de plaisir à fréquenter des gens gais que des gens tristes. Nous ne parlons pas du fournisseur officiel de blagues plus ou moins douteuses, comme le tonton éméché en fin de repas de communion par exemple, mais des personnes qui aiment vraiment s'amuser. Rire ensemble est une formidable occasion de resserrer les liens, de se connecter les uns aux autres : quoi de plus précieux qu'un fou rire entre copains ? Plus nous rions, plus nous augmentons notre sens de l'humour et notre sensibilité à celui des autres, plus notre joie nous rend populaire, plus notre compagnie est recherchée. En devenant plus joyeux, nous contaminons positivement notre entourage, comme le montre une vidéo qui circule sur Internet : des comédiens se mettent à rire haut et fort dans le métro où, comme d'habitude.

les passagers font la tête, mais en quelques minutes, tout le wagon est plié en deux, tant le rire, comme le bâillement, est communicatif !

## Le rire aide à résister

Tout comme le bonheur et l'optimisme, le rire n'est pas exclusivement lié aux événements extérieurs et objectifs, mais à notre façon de nous percevoir, de percevoir les autres et le monde. Si rire est un mouvement réflexe, l'humour, lui, peut s'apprendre. Ce dernier nous oblige à faire le petit pas de côté pour voir la réalité sous un autre angle, la vie plus gaie. En nous poussant à prendre du recul, à dédramatiser, l'humour nous aide à mieux surmonter l'angoisse, nous rendant plus forts face aux situations pénibles. Le réalisateur Roberto Benigni en a fait le moteur de son film *La vie est belle* : pour épargner à son fils l'horreur de la réalité du camp de concentration, il invente un monde de jeu profondément salvateur qui offre une résistance à l'absurdité de la vie, à la cruauté, même dans les pires moments de l'existence.

## Le rire, grand nettoyeur des émotions

Vous inviter à rire de tout béatement n'est pas le but de ce chapitre, même si les médecins s'accordent à reconnaître le bénéfice inestimable de quinze minutes de rire quotidien. L'important est de créer des moments de bonheur propices au rire car il est la manifestation de la joie de vivre, un moyen pour être plus heureux, non une finalité en soi. Son plus grand atout ? Nous permettre d'atteindre nos émotions. En touchant la plus joyeuse – la joie – le rire bouscule forcément les autres émotions, permettant parfois aux plus négatives de s'exprimer et de nous en libérer. Rire a ainsi aidé des personnes inhibées à se mettre en colère, ou encore à pleurer, par un vrai système de nettoyage des émotions refoulées ! Sachant que ces dernières engendrent un bon nombre de nos maux physiques, il n'est pas étonnant que le rire ait une action très bénéfique sur la santé.

## Le rire est bon pour la santé

En faisant chuter les hormones du stress, le rire stimule les défenses immunitaires. Véritable antidouleur et antidépresseur, il favorise la sécrétion et la libération d'hormones, notamment les endorphines, notre morphine naturelle, raison pour laquelle de plus en plus d'hôpitaux font du rire un adjuvant des soins : les patients ont moins besoin d'antalgiques, d'anxiolytiques, de somnifères et deviennent plus combatifs pour guérir. En augmentant également la production de dopamine, le rire accroît notre sensation de plaisir et diminue nos sautes d'humeur. Rire pourrait même avoir des effets comparables sur le cœur à l'exercice physique en stimulant la circulation sanguine ! Selon le docteur Henri Rubinstein, une minute de rire seule provoque jusqu'à quarante-cinq minutes de relaxation physique complète. Toutefois, ce spécialiste invite à distinguer humour positif et humour malsain, qui consiste à dénigrer les autres ou à fuir ses problèmes.

## Les rires douteux et les rires francs

Pierre Desproges constatait très justement que l'on peut rire de tout, mais pas avec n'importe qui. Ainsi, les blagues racistes laissent de marbre beaucoup d'entre nous, au risque de se faire traiter de personne qui n'a vraiment pas d'humour, pire insulte de notre époque n'émanant pas toujours de ceux qui en ont le plus ! C'est pourquoi il est important de distinguer le rire qui invite au partage de celui qui divise et méprise, le rire « avec » l'autre, du rire « contre » les autres. Parmi les rires douteux, citons la moquerie, une arme pour se placer au-dessus de l'autre, le rire narquois ou sarcastique, qui vise à le blesser, sans parler du rire grinçant qui masque une autre émotion, la colère ou la tristesse, ou encore le rire nerveux, qui trahit un malaise et ne libère aucune endorphine. Leur point commun ? Ils ne sont pas connectés au plaisir et à la joie de vivre. Savez-vous qu'un rire spontané ne produit que les voyelles *a* et *o* ? Si quelqu'un rit en *i* ou en *é*, il n'est pas sincère. Le rire sincère et positif, lui, est contagieux et libérateur. Dans la catégorie des rires francs, la palme revient à celui des enfants – rire de joie de l'instant, du plaisir du jeu, du bonheur de la rencontre – suivi de près par le rire partagé avec des amis, le rire complice par excellence !

## Le fou rire, le plus gai de tous

Fou, le fou rire ? Il mérite effectivement bien son nom car il ne peut ni se déclencher, ni s'arrêter sur commande, la raison n'ayant aucune prise sur lui. Il arrive quand on ne l'attend pas, de préférence quand il ne le faut pas, ce qui lui donne tout son sel, souvenez-vous de vos fous rires en classe... En fait, le fou rire démarre dans le cerveau limbique, siège des émotions, lequel prend le pouvoir en coupant totalement ses relations avec le néocortex, siège du raisonnement. À ce stade, vous pouvez même être devant votre sinistre chef de service, aucun argument ne pourra l'éteindre ! Il cessera lorsque toutes les tensions seront évacuées, nous installant dans un état de relaxation et de détente, accompagné peut-être d'un peu de gêne envoyée par le néocortex qui aura repris du service : non, franchement, rire devant son chef, cela ne se fait pas...

## Le rire rend séduisant

Un magazine féminin recommandait récemment de ne pas rire pour éviter de creuser ses rides ! Conseil bien stupide quand on sait que c'est la seule discipline qui fasse travailler tous les muscles du visage, le rendant plus vivant, plus mobile. Lorsque nous rions, nos yeux pétillent, notre visage s'illumine, nos rides deviennent joyeuses, nous donnant l'air plus jeune. Le rire est aussi bon pour notre silhouette : en libérant notre diaphragme, nous nous tenons plus droit, l'allure plus sûre, plus souple. Rien de plus efficace donc que le rire pour nous rendre séduisant !

## Développer son humour

Vous pensez être totalement dépourvu d'humour ? C'est une croyance qui vous empêche d'exercer vos talents cachés. Il est important de ne pas croire que l'humour demande des compétences hors du commun ! Il suffit juste, dans un premier temps d'en avoir envie... Le manque d'humour signe parfois une souffrance, une mauvaise estime de soi. Peut-être avez-vous été victime de moqueries pendant votre enfance qui vous ont rendu méfiant vis-à-vis de toute forme de dérision ? Peut-être avez-vous vécu dans un milieu où il était mal vu de rire ? Peut-être n'avez-vous pas eu suffisamment l'occasion d'exercer votre créativité ? Retrouver un rire joyeux vous demandera alors de l'entraînement mais vous serez progressivement capable de rire de vous et des autres. Petit à petit, vous allez renouer avec la légèreté, véritable clé de voûte de l'humour.

## À vous de jouer !

### ○ Affichez des photos de fou rire

Si vous voulez vous mettre en joie pour la journée, affichez des photos de personnes en train de rire, celles de vos fous rires avec des amis, l'éclat de rire de votre fils enfant devant un clown. Y jeter un coup d'œil vous remettra aussitôt dans la joie et chassera efficacement les pensées négatives.

### ○ Riez, riez !

Ne perdez aucune occasion de rire ; mieux, recherchez-les. Allez voir des spectacles d'humoristes, des films comiques, invitez des amis avec qui vous riez de bon cœur. Constituez-vous un petit lot de blagues et de jeux de mots que vous aimez, de citations drôles, à partager avec vos copains. Nous vous en proposons une de Pierre Dac : « Si la matière grise était rose, le monde aurait les idées moins noires. » À vous de continuer la liste... Cherchez celles qui se rapportent à la vieillesse pour la dédramatiser. Agatha Christie conseillait : « Faites comme moi, épousez un archéologue, c'est le seul homme qui vous regardera avec de plus en plus d'intérêt à mesure que passeront les années. » Ou encore, pour les hommes, celle de Groucho Marx à qui on demandait : « Comment faites-vous pour éviter la chute des cheveux ? – Je fais un pas de côté ! »

### ○ Jouez pour retrouver votre rire d'enfant

Observez des enfants en train de jouer dans une cour de récré peut vous reconnecter avec vos émotions enfantines. Jouez avec vos petits-enfants, ceux de vos amis, de vos voisins... Avez-vous remarqué que jouer aux cartes en famille ou entre amis est toujours une occasion de rire de bon cœur ? Il y a ceux qui trichent, ceux qui hurlent quand ils perdent... Certains jeux de société ou vidéo sont très drôles, soyez créatif, constituez votre propre mallette ! S'entourer de personnes qui aiment jouer et rire est une façon de rester joyeux, tout comme éviter les personnes trop négatives, à moins que vous ne vous sentiez d'attaque pour les faire changer d'humeur...

### ○ Souvenez-vous de vos plus gros fous rires

Vous rappelez-vous vos plus gros fous rires ? En quelle circonstance ? Avec qui étiez-vous ? Quel était votre état d'esprit à l'époque ? En vous souvenant le plus précisément possible de ces fous rires, vous allez malgré vous vous mettre à sourire et peut-être même éclater de rire à nouveau, à l'instar d'Arlette, 82 ans qui, en pensant à ses fous rires, dit : « Il m'arrive de rire toute seule dans ma cuisine ! » Le fou rire est une injonction au bonheur. Racontez vos fous rires à vos amis, demandez-leur de vous raconter les leurs ; quand la morosité gagne, repenser à tous ces fous rires la chassera pour un moment !

### ○ Débusquez le comique des situations

De la même façon que vous pouvez grignoter des moments de plaisir dans les situations qui n'en comportent pas beaucoup, essayez de débusquer ce qui est drôle dans la vie pour ne pas passer à côté. Quand vous vous promenez, avez-vous remarqué cet opticien qui s'appelle Leborgne, ce boucher qui s'appelle Beaufumé ? C'est en plus excellent pour développer sa présence à l'instant, si précieuse pour la qualité de vie ! Cherchez également à rendre absurde un problème rencontré ou une gaffe que vous avez faite : comment un humoriste les raconterait ?

### ○ Créez une ambiance joyeuse

En vous entourant d'objets de couleur, en créant une décoration qui vous plaît, vous vous installerez dans de bonnes dispositions. La couleur de nos vêtements participe elle aussi à notre humeur. S'habiller tout en noir ou avec des couleurs vives, et même bariolées, ne produit pas le même effet sur nous et sur les autres, les clowns l'ont bien compris... La musique participe encore à notre moral, bien qu'il n'existe pas de liste de morceaux valable pour tous : chacun connaît ceux qui le mettent en joie et, si ce n'est pas le cas, c'est le moment de trouver la musique qui vous rend le cœur léger. Chantez seul à tue-tête dans votre voiture ou en faisant votre ménage, dansez sur une musique entraînante... Un très bon moyen pour évacuer toutes les tensions !

### ○ Évitez de vous prendre au sérieux

Apprendre à rire de soi est une qualité incontournable pour qui veut mettre du rire dans sa vie. Cette qualité nous sauve de bien des situations et crée des liens de connivence en contaminant les autres, prêts eux aussi à se pencher gaiement sur leurs défauts ! Cette capacité est non seulement une preuve d'humour indéniable, mais témoigne aussi d'une bonne santé mentale : le psychanalyste François Roustang l'assure, le travail analytique de ses patients est terminé quand ils sont capables de rire d'eux-mêmes... Pourquoi ne pas essayer la rigologie, inventée par Corinne Cosseron ? Pratiquée en groupe ou en séance individuelle, elle se propose de réconcilier les participants avec leur rire sincère – et non avec un rire artificiel –, le seul qui permet de se reconnecter réellement à ses émotions et garantit un changement durable.

# 6
# Diminuez votre stress

« La vie est trop courte pour être pressé. »
Henry David Thoreau

## Bon et mauvais stress

Le stress est un mot à la mode, un mot fourre-tout : nous utilisons le même terme à propos d'un coup de fil mal venu, de la perte d'un emploi ou d'un deuil ! Les motifs déclencheurs et les conséquences du stress sont ainsi identifiés par le même mot. Il n'est donc pas facile de s'attaquer à un concept aussi flou, d'autant qu'on privilégie surtout les moyens d'en guérir, à savoir l'hygiène de vie, la relaxation, sans prendre en compte l'histoire de chaque individu... Précisons d'emblée que le stress n'est pas une mauvaise chose. Il favorise l'adaptation de l'être humain au changement : sans lui, l'humanité aurait disparu depuis longtemps ! Tant qu'il reste à un niveau d'intensité raisonnable, il nous sert à garder nos sens en éveil, nous permettant de nous adapter pour faire face aux défis et aux difficultés de la vie avec succès. Bref, le stress normal est stimulant et favorise la réussite. Il ne devient toxique que lorsqu'il dépasse un certain seuil, qu'il est répété dans le temps et nous demande des efforts excessifs, créant un trop grand décalage entre ce qu'on nous demande et nos ressources pour y répondre. Notre corps se met alors en surchauffe, ce qui se traduit par des manifestations physiques : sueur, palpitations... Pour résumer, on peut dire qu'une absence de stress engendre l'ennui et qu'un excès génère de l'angoisse, de la fatigue, des insomnies, des migraines...

## La maladie du monde actuel ?

Selon l'Institut français d'action contre le stress, un homme sur quatre et une femme sur trois souffriraient d'un excès de stress présentant un risque pour leur santé. Il est reconnu aujourd'hui qu'il affaiblit nos défenses immunitaires et favorise l'apparition de maladies, comme les infections chroniques, l'hypertension, les maladies cardio-vasculaires, l'angoisse, la dépression. De plus, il est également prouvé qu'il accélère le vieillissement, diminuant ainsi l'espérance de vie. Selon des dernières recherches, le stress pourrait même altérer des connexions entre les neurones. Malheureusement, le contexte actuel est source de stress important, surtout dans les grandes villes, et malmène nos besoins physiologiques. Chacun court après un temps qu'il n'arrive jamais à rattraper. Au travail, l'effritement des solidarités donne un sentiment de grande solitude, une compétition acharnée règne, l'ombre du chômage plane, les nouvelles formes de management jouent sur la peur du licenciement, comme le montrent chaque jour les suicides dans les entreprises.

## Le stress à la maturité

Nous vivons dans une société qui porte le culte du jeunisme à son paroxysme. Si le fait de prendre de l'âge était autrefois associé à l'idée de se lester d'un certain poids existentiel, aujourd'hui, il n'est vécu que sur le registre de la perte : perte de la jeunesse, de la force, de la séduction... Comment vieillir sereinement dans un tel contexte ? La crise du milieu de la vie – qui apparaissait autrefois vers 40 ans – s'est déplacée, touchant aujourd'hui plus volontiers les quinquagénaires. À cet âge, nous prenons alors conscience de notre finitude, nos parents vieillissent... Si nous vivons en couple dcpuis des années, il se peut qu'il ne tienne que sur la routine, situation peu satisfaisante, que le départ des enfants met en lumière. Le pic des divorces à cet âge de la vie en témoigne, nous y revenons au chapitre 10 « Et l'amour ? ».

Par ailleurs, nous nous faisons du souci pour notre travail, soit parce que nous sommes poussés vers la sortie par une retraite anticipée – rappelons qu'à 55 ans deux personnes sur trois ne travaillent plus –, soit parce que nous sommes regardés comme des *has been* qui freinent la dynamique de l'entreprise. Dans les sondages, nous basculons dans la catégorie 50 ans et +... masse indifférenciée des seniors. Si nous avons pris notre retraite, nous sommes dans une phase de transition importante susceptible de générer du stress. Notre corps accuse les premiers vrais signes de fatigue, de vieillissement, et nous pouvons être désormais abonnés aux pilules de toutes sortes : le traitement hormonal, les médicaments contre le cholestérol, contre le mal de dos... On serait tenté de crier : n'en jetez plus, la coupe est pleine ! Bien sûr, il n'est pas question de nier les deuils à faire au fur et à mesure que nous avançons en âge, mais, à ne l'envisager que sous cet angle, comment ne pas être stressé ? Bonne nouvelle cependant : au fil du temps, nous aurions davantage tendance à relativiser les émotions négatives et à développer les positives. Nous connaissons nos limites et nos capacités d'adaptation et anticipons mieux la survenue des événements grâce à notre expérience. Reste à admettre qu'il est moins stressant d'accepter le temps qui passe que de lutter contre...

## Les différentes façons de faire face au stress

On a l'habitude de considérer que des situations sont stressantes en elles-mêmes alors que les causes du stress sont moins déterminantes que la façon d'y faire face. En effet, chacun de nous a sa manière de percevoir une situation de stress et d'y réagir : ainsi, un déménagement perturbera beaucoup certains, tandis que d'autres resteront sereins. Certaines sources de stress comme le deuil, un licenciement, une séparation, sont communes à tous, mais là encore, elles auront un impact différent et généreront une intensité variable des troubles selon les individus. Les causes de stress étant multiples, individuelles, puisque souvent liées à nos expériences, à notre histoire, les repérer n'est pas toujours évident. Nos souvenirs conscients ou inconscients peuvent jouer un rôle majeur dans le stress. Ainsi, les déclencheurs peuvent être anciens et ne pas nous permettre de percevoir les relations entre ce qui nous stresse aujourd'hui et un événement du passé. Une femme qui aura été humiliée enfant à l'école parce qu'elle n'était jamais à l'heure à cause de ses parents vivra un stress démesuré quand elle craindra d'être en retard à un rendez-vous, tandis que sa collègue prendra cette perspective avec philosophie…

## À vous de jouer !

### ○ Ralentir, oui, mais comment ?

Et si cette course folle n'était pas une fatalité ! La première démarche consistera à passer au crible notre emploi du temps, faire une sorte d'audit en observant une journée ou une semaine type : où passe mon temps ? Avec qui ? Comment ? Pourquoi ? Est-ce nécessaire ? Qu'est-ce que cela m'apporte vraiment ? Gageons que bien des activités vont nous paraître superflues ou peu gratifiantes. L'idéal est d'arriver à faire la part entre les « voleurs externes » de temps, qui ne dépendent pas de nous – appels téléphoniques intempestifs, voisins qui débarquent à l'improviste, surcharge de travail – et les « voleurs internes » – perfectionnisme, manque d'ordre, difficulté à prendre des décisions... Cette distinction nous permettra d'agir sur les deux fronts : apprendre à dire non gentiment mais fermement au « voleur de temps externe », ce qui nécessite peut-être un renforcement de son estime de soi, « voleur de temps interne », cette fois... Choisir de ralentir oblige à opérer des renoncements. Non, nous ne pourrons pas continuer à tout faire si nous décidons de freiner la course de notre vie. Si vous vous sentez débordé, n'y a-t-il pas des activités sur lesquelles vous pourriez faire l'impasse ou repousser à plus tard ? Est-il indispensable que jamais rien ne traîne dans le salon ? Et si votre pelouse n'est pas tondue aujourd'hui, est-ce la fin du monde ? Nous vous enjoignons d'ailleurs à rester prudent vis-à-vis des manuels de gestion du temps, qui proposent le plus souvent des méthodes visant à s'organiser... pour en faire encore plus !

### ○ Prenez votre temps...

Renouer avec la lenteur demande du temps... Aussi, les changements par petites touches sont souvent plus efficaces et plus durables que les grandes décisions, toujours plus difficiles à tenir. Peut-être pouvons-nous déjà commencer à modifier un premier détail dans notre vie ? Faire une sieste de dix minutes par jour ? Prolonger le repas du soir d'un quart d'heure ? Dès que le processus sera enclenché, les bienfaits ne manqueront pas de se manifester, nous poussant à oser un autre changement, puis un autre... Peut-être même notre entourage, voyant tout le bénéfice que nous tirons de ce ralentissement, nous emboîtera-t-il le pas, qui sait ? Pour s'encourager dans cette voie, rien de mieux que d'imaginer notre vie quand nous aurons levé le pied, renoué avec nos vrais plaisirs, accordé du temps à ceux que nous aimons...

### ○ Identifiez ce qui vous stresse

La plupart du temps, le stress n'est envisagé que pour gérer ses conséquences. Nous vous proposons ici de remonter aux sources pour essayer d'avoir une action en amont. Identifiez les événements, les situations, les relations qui sont à la base de votre stress dans les différents domaines de votre vie : affective, professionnelle, familiale. Faites le même bilan pour les motifs liés à votre personnalité : difficulté à dire non, manque d'estime de soi, perfectionnisme... L'origine peut également se situer dans une incohérence entre votre vie et vos valeurs profondes, d'où l'intérêt de bien cerner ces décalages dans le bilan. Votre corps vous envoie peut-être des signaux : mal de dos, migraines, insomnies... Considérez-le comme un ami qui vous prévient, avant que la situation ne s'aggrave trop. Chaque source de stress a une réponse spécifique : s'il s'agit d'une basse estime de soi, reportez-vous au chapitre 3 « Renforcer son estime de soi ». Si vous êtes en proie à de nombreuses ruminations négatives, le chapitre 4 sur l'optimisme peut vous aider, ou peut-être vos croyances sont-elles à revisiter, ou bien encore il devient nécessaire de guérir enfin vos blessures du passé, avec l'aide d'un thérapeute ?

### ○ Analysez les situations de stress

Pour les événements déclencheurs identifiés, vous pouvez aller plus loin dans le questionnement. Prenons l'exemple d'une remarque du président de l'association où je suis bénévole, qui trouve que mon compte rendu n'est pas assez fouillé, ce qui a

déclenché une vive réaction de stress chez moi. Est-ce que ma réaction est justifiée ? Qu'est-ce que je pense spontanément de moi : que je suis nul, incompétent ? Une fois calmé grâce à la respiration, demandez-vous : est-ce fréquent ou est-ce la première fois ? Aurait-il raison, est-ce que je ne l'ai pas fait un peu vite ? A-t-il des comptes à régler avec moi qui n'ont rien à voir avec mon compte rendu ? Est-ce que cette personne râle régulièrement, prend à tour de rôle une tête de Turc pour passer ses nerfs ? Peut-être a-t-elle eu une contrariété et j'écope des retombées de son stress ? Ou peut-être encore ma réaction vient de situations passées auxquelles cet événement vient faire écho : en classe, je me faisais toujours traiter de « nul »...
Il est toujours plus facile de prendre du recul avec l'aide d'un tiers... Trouvez-vous un allié dans l'association avec qui en parler, ou confiez votre souci à un ami bienveillant, ce qui vous offrira un sas de décompression et de réassurance. Ensuite, il vous restera à rectifier le tir, soit en allant en parler avec la personne concernée, soit en ne bâclant pas votre prochain compte rendu.

### ○ Faites la différence entre les facteurs sur lesquels vous pouvez agir... et les autres

Identifiez les situations où la solution peut dépendre de vous et celles sur lesquelles vous n'avez pas de prise : rompre une relation amicale toxique est possible, ne plus avoir de contacts avec son patron, nettement plus compliqué… Si vous ne savez pas dire non, que c'est toujours à vous de rendre service ou de vous coltiner les réunions où tout le monde se défile, il va falloir apprendre à vous affirmer. Si en revanche, votre stress vient de vos difficultés financières, que vous ne savez jamais comment finir le mois, la situation n'est pas exclusivement de votre ressort. Peut-être faut-il envisager une formation pour avoir une meilleure qualification ? Mais reconnaissons que ce n'est pas toujours possible. Certains stress sont liés à des situations difficiles et n'ont rien à voir avec notre comportement : si vous êtes seule à élever vos enfants, sans pension alimentaire, sans soutien familial, vous n'êtes pas responsable de vos difficultés, il ne faudrait pas vous en sentir coupable…

### ○ Des exercices au service du stress

Il existe de nombreuses pistes pour réduire le stress. Nous en avons privilégié ici quelques-unes, mais rien ne vous empêche de les compléter à l'aide des nombreux livres parus sur ce sujet, ou en suivant des stages de réduction du stress. Sans oublier qu'une bonne hygiène de vie et notamment l'activité physique agissent positivement pour faire baisser le stress.

• La scène paisible

Dans un moment de calme, identifiez un lieu, réel ou imaginaire, où vous vous sentez parfaitement détendu, serein, apaisé et en sécurité. Détaillez bien mentalement toutes ses caractéristiques : qu'est-ce que vous voyez ? Y a-t-il des sons ? des odeurs ? Sentez-vous la température qu'il fait ? Avez-vous des sensations particulières ? Prenez le temps de ressentir le calme, la détente. Lorsque vous êtes bien dans la situation, vous pouvez laisser venir à votre esprit un mot qui résume le mieux l'état dans lequel vous êtes lorsque vous êtes dans ce lieu (paix, tranquillité, harmonie, bien-être, bonheur...). Trouvez votre propre mot et répétez-le mentalement pendant que vous continuez à vous visualiser dans le lieu. Au début, faites régulièrement l'exercice lorsque vous êtes détendu afin de bien l'ancrer. Ainsi, lorsque vous vous trouverez confronté à un stress, vous pourrez revenir mentalement dans ce lieu pour vous reconnecter aux sensations agréables. Le cerveau ne faisant pas la différence entre le passé, le présent et l'avenir, vous avez ainsi le pouvoir de déclencher à volonté des émotions positives qui vont vous aider à faire face au stress.

• La respiration

La respiration est fondamentale dans la relaxation et la réduction du stress. Or nous avons l'habitude de respirer de façon automatique, rapidement, le souffle court, et plutôt dans le haut de la poitrine. Sous l'effet du stress, la respiration a tendance à s'accélérer encore. La respiration de relaxation, elle, est une respiration longue, abdominale. Posez une main entre le cou et la poitrine, l'autre sur le ventre et respirez naturellement pour repérer comment se fait votre respiration. Puis essayez de l'allonger en gonflant le ventre sur l'inspiration et en le dégonflant comme un ballon sur l'expiration. Commencez seulement par quelques respirations car cette pratique fait entrer plus d'oxygène dans le corps et si vous n'en avez pas l'habitude, vous pouvez ressentir un léger vertige. Progressivement, allongez la durée de l'exercice et faites-le régulièrement pour maîtriser la respiration abdominale. Pensez plusieurs fois par jour à prendre de grandes respirations, cela vous détendra. En cas de stress, utilisez la respiration abdominale.

- L'exercice de tension/détente

Prenez une inspiration longue, retenez votre respiration et contractez fortement toutes les parties de votre corps, en crispant le visage, en serrant les poings, en tendant les muscles des bras et des jambes au maximum, puis relâchez à l'expiration en soufflant par la bouche. Répétez trois fois l'exercice. Vous pouvez le faire avec une partie du corps seulement : en réunion par exemple, contractez uniquement les poings et les orteils dans vos chaussures, puis relâchez. Cet exercice est particulièrement efficace par le contraste entre tension et détente qui s'ensuit. Maintenant, énoncez calmement ce que vous avez à dire...

• La dispersion du stress

Cet exercice peut se pratiquer assis ou debout. Debout, écartez les pieds de la largeur des hanches, genoux légèrement fléchis. Assis, installez-vous confortablement, dos droit, sans tension. Tendez vos bras devant vous, les poings fermés, pouces redressés comme pour faire du stop. Concentrez-vous fermement sur vos pouces, en imaginant que toutes les tensions de votre corps s'y réunissent. Répétez-vous mentalement : je sens toutes les tensions s'accumuler dans mes pouces. Puis expirez progressivement en faisant dessiner à vos bras une courbe vers le bas avant de les relever de chaque côté à l'horizontale. À ce moment, vous ouvrez les mains vers le haut et écartez les doigts en visualisant les tensions filer à l'extérieur. D'ailleurs, vos bras s'ouvrent un peu comme deux ailes, le stress s'est envolé...

### ○ La cohérence cardiaque pour prévenir et gérer le stress

• Qu'est-ce que c'est ?

Comme les exercices précédents, la cohérence cardiaque est un outil pour gérer le stress sur le

moment et, pratiquée régulièrement, elle est également une prévention très efficace.
Cette technique a fait son apparition aux États-Unis il y a dix ans environ et commence à être connue en France. Elle est fondée sur des exercices respiratoires. Contrairement à ce que nous imaginons le plus souvent, notre cœur bat à un rythme irrégulier, le temps entre deux battements cardiaques n'étant jamais exactement le même. Le rythme cardiaque est sous l'influence de deux systèmes, le système sympathique qui accélère le rythme cardiaque et le système parasympathique qui le ralentit. Lorsque les deux systèmes sont dans un équilibre optimal, nous sommes dans un état appelé « cohérence cardiaque », qui fait diminuer le cortisol et l'adrénaline, hormones du stress par excellence, et augmente les défenses immunitaires. Nous pouvons apprendre à entrer en cohérence cardiaque par le biais d'exercices respiratoires.

• Comment faire ?

Il faut prendre un rythme de six respirations complètes par minute, c'est-à-dire que chaque respiration doit faire dix secondes, cinq secondes d'inspiration, cinq secondes d'expiration. Vous pouvez pratiquer pendant cinq minutes mais, si ce temps vous paraît un peu long, réduisez à trois minutes. Pour être le plus efficace possible, l'exercice doit être fait trois fois par jour, les effets d'une

séquence de cinq minutes se faisant sentir pendant trois à cinq heures.
Pour prendre le bon rythme respiratoire, vous pouvez par exemple vous aider de la trotteuse d'une montre. Une autre façon de pratiquer l'exercice est de prendre une feuille, un crayon et de régler un minuteur sur cinq minutes. Dessinez une vague en inspirant sur la montée et en expirant à la descente. Au bout de cinq minutes, si vous avez suivi le rythme de six respirations par minute, vous devez avoir dessiné une trentaine de vagues. Il est normal qu'au début, vous ne soyez pas dans ce rythme, votre corps va l'apprendre progressivement. Au bout de trois semaines environ, vous aurez ainsi appris à entrer très rapidement en cohérence cardiaque et vous remarquerez que vous êtes toujours proche des trente vagues en cinq minutes. Vous pouvez alors vous passer de la feuille pour la pratique quotidienne. La cohérence cardiaque sera d'un grand secours en cas de stress : mettez-vous immédiatement sur la « fréquence 6 » (six respirations par minute) et vous serez étonné de la rapidité de l'apaisement procuré.

- Les bienfaits

Si vous continuez à pratiquer l'exercice deux ou trois fois par jour, à long terme, en plus de prévenir et de gérer le stress, la cohérence cardiaque renforce les défenses immunitaires, diminue la pression sanguine, favorise un meilleur contrôle du taux de sucre dans le sang et augmente la production de DHEA, cette fameuse hormone « de jeunesse ». Au niveau psychologique, elle favorise la créativité, l'intuition et le maintien d'une attitude positive dans la vie. Vous pouvez donc vous y mettre tout de suite...

# 7
# Guérissez les blessures du passé

« Je réalisai soudain que je n'avais qu'une vie et qu'il me fallait en prendre soin. »

Paul Valéry

## La volonté ne suffit pas…

Tout traumatisme non résolu, toute souffrance psychologique durable est source de stress et a donc des effets néfastes sur notre santé. Le passé douloureux porte une inscription psychologique et biologique. Il nous pousse souvent à la répétition, alors même que nous ne le désirons pas, la raison n'ayant aucune prise durable sur nous, les événements de la vie ne nous ayant pas permis de guérir ou de soigner nos blessures. C'est pourquoi il est dangereux de penser que nous pourrions changer par notre seule volonté. Pire, cette attitude ajoute encore de la souffrance puisqu'elle nous culpabilise de ressentir ce que nous ressentons, ou d'être dans l'incapacité de nous transformer. Plus tôt nous ferons le ménage des nuages noirs qui bouchent notre horizon, plus nous aurons la liberté d'agir en fonction de nos valeurs, de nos désirs, sans reproduire les croyances qui nous ont été transmises, sans continuer à vivre selon des modèles appris depuis des années. Nous traînons tous des boulets de notre passé. Certains auront pu être abandonnés au cours de notre vie grâce à notre environnement, à nos ressources, aux relations amicales, familiales, professionnelles. Mais d'autres peuvent nécessiter une aide pour faire le tri et nous en débarrasser et il n'y a aucune honte à y avoir recours. Mieux, reconnaître ce besoin est une preuve de force. Nous ne sommes pas directement responsables : ces blessures viennent souvent de notre éducation, des messages reçus pendant l'enfance, des traumatismes vécus au cours de notre vie. Faire un travail sur soi nous donne alors l'occasion de briser la chaîne de la répétition, de remettre les vieux fantômes à leur place et de nous rendre plus libres, plus sûrs de nous et des autres.

## Un équilibre menacé

Pendant des années, nous nous sommes consacrés à nos enfants, à notre carrière, à notre couple, sans prendre toujours le temps nécessaire à la réflexion. Nous avons préféré mettre les événements douloureux du passé en sourdine, tout à notre désir de construire notre vie, mais la souffrance, elle, ne s'est pas effacée. Que nous le voulions ou non, nous avons toujours rendez-vous un jour ou l'autre avec notre histoire, et la maturité est souvent l'âge de ce rendez-vous... Pourquoi ? Parce qu'elle est l'âge des mises au point, des bilans. Le départ des enfants, le vieillissement ou la disparition des parents sont autant d'événements qui viennent bousculer un équilibre, acquis parfois de haute lutte, et nous ramènent malgré nous vers les rivages de notre enfance, blessures comprises. Pour peu que le travail nous ait servi de paravent, la retraite qui se profile va mettre en péril cette fuite en avant, nous obligeant à affronter nos fragilités. Certains peuvent même avoir le sentiment d'avoir été floués, ayant consacré l'essentiel de leur temps à une entreprise qui désormais les boude et leur préfère des jeunes. Si la vie entière était bâtie sur du sable mouvant, l'édifice tangue...

## Quand l'impuissance apprise nous empêche d'avancer

Enfant, le fait de ne pas avoir eu les moyens de réagir à des événements douloureux répétés a pu nous conduire à baisser les bras, attitude qui s'est peu à peu généralisée et dure encore aujourd'hui. C'est ce que l'on appelle l'impuissance apprise, comme le montre bien l'expérience menée par le chercheur Martin Seligman. Des hommes ont été soumis à un bruit épouvantable, mais tandis qu'un premier groupe avait la possibilité d'appuyer sur un bouton pour le stopper, le second n'avait aucun moyen d'y échapper. Ensuite, le chercheur les rassembla et les soumit à nouveau au même bruit, mais avec cette fois-ci la possibilité pour tous de l'interrompre. Que se passa-t-il ? Le groupe qui avait pu stopper le bruit mettait rapidement fin à l'expérience, l'autre groupe ne tendait même pas le bras pour appuyer sur le bouton et subissait la situation. Et voilà comment la fatalité, le sentiment d'impuissance finissent par prendre le dessus, nous empêchant de changer le cours de notre histoire. Pour avoir du pouvoir sur sa vie, encore faut-il penser que c'est possible...

## Maintenant ou jamais !

À 50, 55 ans, et encore bien au-delà, si nous ne l'avons pas fait avant, il est encore temps de se libérer de ses chaînes pour se donner les chances de poursuivre une vie plus satisfaisante. Il est temps encore d'arrêter de se rassurer avec des faux-semblants – il y a plus malheureux que moi – ou de culpabiliser – mais enfin, j'ai tout pour être heureux, il n'est pas normal que je sois dans cet état-là ! La culpabilité n'a jamais permis d'aller mieux et vos angoisses, elles, sont bien réelles et sont à prendre en compte. On peut faire la paix avec son passé à tout âge.

## À vous de jouer !

### ○ Repérez vos traumatismes non résolus

Plusieurs signes peuvent vous mettre sur la piste : des ruminations autour des événements passés, des pensées intrusives qui vous perturbent quand elles surviennent sans crier gare, ou une impression constante de passer à côté de votre vie. Un autre indicateur ? Le peu de souvenirs heureux, la quasi-absence de souvenirs de quelque nature qu'ils soient, dans les premières années de votre vie. Si certaines personnes suscitent chez vous de la rancune, de la tristesse, de la colère, peut-être sont-elles associées à des souvenirs douloureux qui vous bouleversent encore ? Il peut s'agir enfin de croyances négatives qui ne cèdent pas aux exercices proposés, ou des comportements répétitifs qui ne sont pas satisfaisants pour vous : échecs sentimentaux, solitude amicale, instabilité professionnelle... Vous avez fait des efforts et rien ne bouge ? Ne vous gâchez plus la vie, attaquez-vous aux vraies difficultés pour essayer de comprendre ce qui vous limite et en guérir enfin.

### ○ Finissez-en avec vos deuils

Notre vie est ponctuée de pertes – déménagement, séparation, licenciement, retraite – qui nécessitent toujours un travail sur soi. Si nous avons mis un couvercle sur les émotions alors éprouvées, si nous n'avons pas pris le temps de vivre chaque moment, si nous avons court-circuité la nécessaire phase de transition, nous risquons de ne pas avoir réellement fait le deuil. Cela peut nous conduire un jour, parfois bien des années plus tard, à une tristesse dont nous avons du mal à identifier l'origine, à une souffrance démultipliée lors d'un nouveau deuil, voire à des symptômes dépressifs.

Nous vous proposons ici, le temps d'un bilan, de revenir sur toutes les pertes que vous avez subies, sans en négliger aucune. Le décès d'un chien peut être très douloureux, comme le départ d'un ami pour un pays lointain... Si, à cette évocation, laisser couler une larme ou éprouver un moment de nostalgie est normal, tout chagrin important et durable doit vous mettre sur la piste d'un deuil peut-être inachevé. Il n'est jamais trop tard pour faire ce travail, que ce soit seul ou avec l'aide d'un thérapeute.

### ○ Entreprenez la thérapie qui vous convient

On croit souvent que la psychanalyse est la seule approche qui permet d'aller voir dans les profondeurs de l'inconscient pour guérir les blessures du passé. Or, aujourd'hui, il existe de nouvelles thérapies, plus courtes. Certaines s'appuient sur l'inscription neurologique et biologique des traumatismes et sur la plasticité cérébrale, marquant un tournant dans les traitements des souffrances psychologiques. Nous pouvons citer, entre autres, les thérapies comportementales et cognitives, l'EMDR (désensibilisation et retraitement par les mouvements oculaires), la psychologie énergétique. Elles font l'objet de recherches scientifiques et commencent à être connues du grand public. Renseignez-vous et choisissez l'approche et le praticien qui vous paraissent les plus adaptés à vos besoins et à ce moment-là de votre vie. Ce n'est pas parce que vous souffrez depuis longtemps qu'il n'y a pas de solutions, que vous êtes obligé de souffrir jusqu'à la fin de votre vie. N'ayez pas peur d'aller chercher dans le passé, sous prétexte que vous risquez de rouvrir des blessures mal cicatrisées : vous n'allez pas nécessairement devoir revivre ces souffrances pour vous en libérer... Vous avez déjà fait un travail sur vous ? Il est toujours possible de finir de « faire le ménage », démarche qui vous permettra de vous débarrasser définitivement de ce qui vous empêche toujours de bien vivre. Vous y gagnerez en maturité, en liberté joyeuse pour vous consacrer enfin à l'essentiel dans la deuxième partie de votre vie : il n'est jamais trop tard...

### ○ Envisagez le pardon…

Bien souvent, nous entendons dire que nous ne pourrons vraiment être en paix avec nous-mêmes qu'après avoir pardonné à ceux qui nous ont fait du mal. Et voilà que nous nous mettons à nous culpabiliser si nous éprouvons toujours de la colère et du ressentiment vis-à-vis de certaines personnes. Il est important de clarifier ce que l'on entend par le pardon, pour envisager éventuellement de l'accorder. Pourquoi ce petit mot reste-t-il souvent coincé au fond de la gorge ? Peut-être parce que, pour certains, il porte une connotation trop religieuse, leur rappelant la prière de leur enfance : « Pardonnez à ceux qui vous ont offensé. » D'autres y entendent l'oubli de la faute, un aveu de faiblesse, un dédouanement de l'offenseur ou, pire encore, un encouragement à ce qu'il persiste dans son mauvais comportement. Et pourtant, il ne s'agit pas d'oublier l'offense que vous avez subie en enfouissant la rancœur quelque part dans votre inconscient. Ni de minimiser l'affront pour faire l'économie de la souffrance, en disant : « C'est une vieille histoire », encore moins de vous en sentir responsable parce que vous n'avez pas su vous protéger. Alors, en quoi consiste-t-il ? À pacifier, à assainir les relations qui vous ont fait souffrir, en premier lieu pour votre bien-être, car c'est vous d'abord que le ressentiment empoisonne. Le président Nelson Mandela, à qui on demandait comment il avait réussi à pardonner à ceux qui lui avaient fait tant de mal, l'expliquait ainsi : « Je trouve toujours étonnant que les gens pensent qu'en buvant le poison du ressentiment, ça va tuer l'autre. » Toutefois, le pardon prend du temps et ne consiste pas à passer l'éponge du jour au lendemain. Il demande de reconnaître les actes subis et leurs effets et de s'autoriser à exprimer les émotions ressenties alors, comme la colère, la honte, la tristesse, pas forcément directement aux personnes qui nous ont fait souffrir d'ailleurs. Vous pouvez vous confier à un proche, écrire, rédiger une lettre aux personnes responsables de votre souffrance, même si elles sont décédées, lettre qui n'est pas destinée à être envoyée mais que vous pourrez brûler ensuite afin de vous débarrasser du ressentiment, ou encore consulter un thérapeute si les traumatismes sont lourds, la souffrance trop profonde. Une fois vos émotions apaisées peut venir le temps de la compréhension : quelles faiblesses cachent les personnes qui m'ont fait du mal ? Quel scénario ou quelles souffrances ont-elles éventuellement répétés ? Il ne s'agit pas de les excuser, mais de remettre leur geste dans une perspective plus large. Le pardon nécessite un vrai cheminement nous conduisant à un changement de cœur, lequel nous permettra de penser sereinement au passé ou aux personnes concernées. Par l'apaisement qu'il nous procure, le pardon nous redonne de l'énergie, même pour des fautes graves : comme le souligne le philosophe Vladimir Jankélévitch, « le pardon est là précisément pour pardonner ce que nulle excuse ne saurait excuser ».

# 8
# Votre corps, un ami à traiter avec bienveillance

« Ne touchez pas à mes rides, j'ai mis tant d'années à les obtenir. »

L'actrice Anna Magnani
à sa maquilleuse

## Refuser de vieillir ? Un combat perdu d'avance

Des corps minces, lisses, musclés, tel est l'idéal de notre société. Des corps jeunes, donc... Que se passe-t-il quand le nôtre commence à accuser les signes du temps ? Les images des magazines et des publicités défilent dans nos têtes et un sentiment de tristesse, d'impuissance s'abat sur nous. Nous l'avons déjà évoqué plus haut : voir des photos de très belles femmes augmente l'image négative de notre corps. Ou bien, nous voilà décidés à livrer une lutte sans merci aux kilos, aux rides, au relâchement musculaire pour tenter de ressembler à ces plastiques de rêve. Mais est-ce le bon combat ? Nous ne rattraperons jamais le temps qui a passé, même si nous engloutissons des fortunes dans les liftings, le botox ou courons deux heures tous les matins. Cette bataille perdue d'avance mine la plupart des femmes qui atteignent l'âge de la maturité, car nous aurons beau tricher sur nos rides, notre ventre ne sera jamais aussi plat qu'à 20 ans, nos mains nous trahiront, quoi que nous fassions. C'est un peu comme essayer de remplir un seau d'eau percé... Les actrices, qui vivent avec encore plus de cruauté la dictature de la beauté et de la jeunesse, nous offrent un triste spectacle de faces de poisson-lune, soufflées comme du pop-corn, sans aucune expression. Certaines ont un visage lisse, mais un corps empâté, et ce décalage entre le haut et le bas crée un sentiment d'étrangeté, d'incohérence entre l'extérieur et l'intérieur. Comme le dit avec humour l'une d'entre elles qui refuse le bistouri : « J'aurais l'impression d'avoir repeint le plafond et pas les murs, cela se verrait encore plus ! »

## Un recul difficile à prendre

Cela dit, ne jetons pas la pierre trop rapidement à celles et ceux – les hommes étant de plus en plus nombreux à recourir à la chirurgie esthétique – qui luttent avec acharnement contre les stigmates de l'âge. Cette dictature est telle que, même prévenus, aguerris, nous ne lui échappons pas dans les moments de doute et de fragilité. En effet, nous aimons plus ou moins notre visage, notre corps, selon les variations de nos humeurs, selon notre histoire personnelle. Ainsi, les personnes trop dépendantes du regard des autres sont souvent celles qui refusent le plus de vieillir. L'âge est un puissant révélateur du niveau d'estime de soi et l'on se rend compte que ceux qui ont le plus de mal à accepter les changements physiques ne s'aimaient déjà pas beaucoup plus jeunes. Peut-être le temps est-il venu de devenir ami, ou tout du moins plus conciliant avec nos imperfections physiques ? Plus le regard que nous portons sur nous sera bienveillant, à tout point de vue, moins nous serons victime de notre apparence, car nous saurons que notre valeur dépasse notre image.

## Notre rapport au corps raconte notre histoire

L'image que nous avons de nous, de notre corps, s'enracine profondément dans notre histoire, dans la façon dont on a valorisé ou dévalorisé notre apparence. Lorsque vous pensez aux remarques de votre entourage, dans votre histoire ancienne ou récente, quelles sont celles qui vous viennent à l'esprit ? Les phrases assassines de votre mère – « Quels grands pieds tu as ! », « Ta sœur a toujours été plus mince ! »,

« Tu as toujours l'air d'un clown... » – ou plutôt des compliments – « Tu es la plus jolie des petites filles », « Tu as toujours su bien t'habiller » ? Et de la part de votre conjoint ? des différents membres de la famille ? de vos enseignants ? Les sarcasmes des professeurs d'éducation physique peuvent être redoutables, comme celui qui vous a traitée de « grande gigue incapable de tenir sur une poutre »... Certaines marques du vieillissement sont plus difficiles à accepter que d'autres du fait de l'écho personnel qu'elles suscitent : ce sillon entre les sourcils nous rappelle une grand-mère acariâtre à qui nous n'avons pas du tout envie de ressembler, mais nos quelques kilos en trop, eux, nous font penser à notre tante si joyeuse et bonne vivante et nous les acceptons plus volontiers. Parfois, en prenant de l'âge, nous ressemblons de plus en plus à un membre de notre famille. Quelle relation entretenons-nous avec lui ? Et si nous commencions à nous raconter une autre histoire de notre avancée en âge, notre propre histoire ? Toutefois, si nous n'y arrivons pas en dépit de notre bonne volonté, les problèmes sont peut-être plus profonds, plus anciens, et nécessitent alors une aide thérapeutique.

## Dépasser ses complexes

Ce grand nez, cette poitrine opulente, vous ne les avez jamais acceptés. Comme une blessure du passé, vous traînez toujours ce défaut tel un boulet, la cinquantaine venue. Et si, devant un miroir, votre première démarche était de vous sourire en comptant vos atouts, avant de faire l'inventaire impitoyable de vos imperfections ? Et sur elles, pourquoi ne pas essayer de changer votre point de vue ? Peut-être ce défaut pourrait devenir un atout si vous l'assumiez ? Si vous en faisiez une de vos caractéristiques au lieu de chercher à le dissimuler ? Écoutez un autre scénario : « C'est vrai, j'ai toujours été ronde et plutôt que de m'affamer sans cesse en me traitant de "grosse qui se laisse aller", je pourrais me mettre dans la catégorie des femmes pulpeuses et gourmandes qui aiment les bons plats et le bon vin, quitte à me délester de quelques kilos pour me sentir mieux dans mon corps, sans vouloir ressembler à tout prix à un mannequin. » Nous avons tous en tête des femmes magnifiques en surpoids parce qu'elles l'assument. Vous souvenez-vous de l'héroïne de *Bagdad Café* ? Au début du film, elle est grosse, ridicule, engoncée dans son petit tailleur marron et puis, au fil de l'histoire, elle s'épanouit, pose presque nue, et devient belle et appétissante sans avoir perdu un seul gramme… À l'instar de cette héroïne, vous pouvez faire de votre grand nez un indice de caractère, ou être simplement dans l'acceptation : « Mon nez ? C'est ma marque de fabrique. » Nos défauts physiques nous servent parfois d'alibis pour ne pas prendre la vie à bras-le-corps. Ne sont-ils pas devenus au fil du temps une carapace pour nous empêcher de prendre du bon temps ? Toutefois, si un défaut est vraiment gênant, recourir à une légère chirurgie esthétique n'est pas un crime de « lèse-maturité » : retendre des paupières tombantes, diminuer une poitrine, un nez, pourquoi pas ? s'ils nous insupportent. Il ne s'agit pas de devenir des gardiens du 100 % naturel, mais d'éviter à tout prix l'acharnement, la course à l'opération.

## Être ou paraître ?

Tous ces visages trop liftés manquent cruellement de profondeur. Ils trahissent une recherche extérieure d'identité, un déni du temps qui passe, bref, une certaine immaturité. Quand toute la vie se passe à courir derrière le paraître, on peut se demander où est passé l'être… Et si cette cavalcade incessante après la jeunesse cherchait juste à combler un vide d'une autre nature ? C'est pourquoi il est si important d'avoir un projet de vie en accord avec nos valeurs profondes, comme nous l'avons vu plus haut, plutôt que nous acharner à courir derrière le corps de nos 20 ans. Non, notre valeur ne dépend pas de notre enveloppe extérieure, elle se niche dans notre existence même, comme cet homme d'un certain âge qui constatait sagement : « Ce que j'ai perdu en apparence, je l'ai gagné en vérité. »

## Les rides, la carte du Tendre de notre visage

Nos rides sont à rattacher à nos joies comme à nos chagrins : ce petit sillon, c'est la naissance de notre premier enfant, celui-là, la tristesse d'un deuil. Et ces multitudes de ridules au coin des yeux ? La marque de tous nos fous rires... Comme la carte du Tendre, notre visage retrace notre parcours de vie. Notre corps n'est pas uniquement celui que l'on voit, il est aussi celui que l'on vit. Il porte notre histoire, et ce corps-là ne vieillit pas. L'âge nous apporte un apaisement, pour peu que nous n'entrions pas en guerre contre nous-même. S'accepter avec sérénité est le meilleur gage de beauté car ce que nous sommes à l'intérieur embellit l'extérieur, encore mieux qu'un lifting ! En revanche, lorsque notre visage se crispe, nos rides deviennent plus laides. Avez-vous remarqué le nombre de personnes que nous trouvons superbes, quand bien même elles affichent de nombreuses rides et ne correspondent pas aux canons de la beauté vantés par les magazines ? Nous les trouvons belles parce qu'elles ont un charme fou et qu'elles laissent transparaître leurs émotions, bref, elles dégagent une sorte de beauté émotionnelle, bien plus précieuse que la beauté plastique.

## Le charme et l'élégance n'ont pas d'âge

Nous sommes souvent bien en peine d'expliquer pourquoi nous trouvons charmante telle ou telle personne. Est-ce son sourire ? sa démarche ? sa façon d'être présente à l'instant et aux autres ? son calme et sa sérénité ? Le charme est là, naturel, simple, évident, et il dure toute la vie. L'élégance n'est pas facile à cerner non plus, mais elle est un atout incontestable avec les années qui passent : une façon de s'habiller avec soin, de se maquiller discrètement, de porter un sac... Françoise Giroud, élégante et raffinée jusqu'au jour de sa mort, en avait fait une question de politesse vis-à-vis d'elle-même et des plus jeunes, afin de leur montrer que vieillir n'était pas synonyme de renoncement et de laisser-aller. À 87 ans, Jeanne ne sort jamais sans avoir mis du rouge à lèvres et du parfum et court tout Paris pour trouver des chaussures assorties à son sac. La recherche de l'élégance n'a pas d'âge.

## La sexualité : la qualité plus que la performance

### ○ Pas de limite d'âge !

Posons d'emblée une joyeuse réalité, pourtant rarement évoquée : nous pouvons faire l'amour jusqu'au jour de notre mort, l'aptitude au plaisir érotique durant toute la vie. Certes, notre sexualité évolue au fil du temps, mais elle ne meurt jamais, sauf en cas de pathologies manifestes. Désormais, les enquêtes l'attestent : nous faisons l'amour plus souvent et plus longtemps, notamment après 50 ans et c'est aussi vrai pour les femmes, comme l'indique la dernière enquête sur la sexualité des Français. Les mentalités évoluent : ainsi, le livre *Éloge des femmes mûres* est un succès de librairie, des femmes affichent leur vie sexuelle à la maturité, parfois avec des hommes bien plus jeunes, ce qui était tout simplement inimaginable il y a encore cinquante ans. Selon plusieurs recherches récentes, faire l'amour permet de rester en meilleure santé, de vivre plus longtemps et d'être plus heureux, à moins que ce ne soit l'inverse, que la bonne santé et le bonheur permettent de faire l'amour plus longtemps ? Bonne nouvelle, à condition de ne pas en faire une source de stress et de pression supplémentaire ! Car dans ce domaine, il faudra se garder de deux écueils : abandonner toute sexualité sous prétexte que « ce n'est plus de notre âge » ou se forcer au mépris de son ressenti, pour rester jeune...

### ○ Pas d'injonction à jouir

À l'instar de la folie des régimes, il semble bien que notre société soit devenue obsédée par la sexualité. Pas un magazine qui n'ait sa page « sexo », pas une semaine sans article sur l'échangisme ou la sodomie, comme s'il s'agissait de pratiques courantes, alors qu'elles ne concernent que 1 % de la population pour la première, et 15 % pour la seconde. Il ne s'agit pas de se draper dans une dignité offusquée – la levée des tabous ayant contribué à un épanouissement dans le domaine sexuel, et notamment pour les femmes – mais une fois encore de dénoncer l'injonction à jouir à tout prix, dans toutes les positions, au risque de se sentir nul et dépassé. Comme pour le sport, nous devrions pouvoir adapter nos pratiques à nos envies, à notre vécu intime, et non aux diktats en vigueur. Certaines personnes n'ont jamais accordé une grande place à la sexualité et ne s'en portent pas plus mal. Pas question donc de faire de la sexualité la nouvelle potion magique pour bien vieillir, à ingurgiter sans appétit...

### ○ Des modifications physiologiques

Même si elles varient d'un individu à l'autre, l'âge s'accompagne de modifications physiologiques incontestables. Côté masculin, l'érection est plus lente et nécessite plus de caresses pour se maintenir, l'orgasme est plus long à atteindre, le jet éjaculatoire moins puissant et la période réfractaire plus longue également ; des faits qui peuvent altérer l'image de virilité de l'homme et le plonger dans un profond désarroi. Côté féminin, les modifications hormonales liées à la ménopause influent sur le désir sexuel et sur la physiologie : la lubrification est plus lente et moins abondante, les parois vaginales sont moins élastiques, les grandes lèvres s'amincissent et les contractions lors de l'orgasme sont moins fortes et moins fréquentes. Est-ce à dire que la sexualité devient pénible ? Pas du tout, mais les partenaires doivent prendre en compte ces éléments pour adopter d'autres pratiques, où la sensualité prend toute sa place. À 50 ans, certains hommes, trop pressés jusque-là, découvrent avec bonheur les caresses, et les femmes, qui les apprécient depuis toujours, sont ravies de cette évolution ! Place donc à la créativité, à la tendresse, à la sensualité, pour s'adapter aux évolutions liées à l'âge. L'essentiel est que les deux partenaires y trouvent du plaisir, car on sait que continuer à faire l'amour dans un couple entretient une intimité précieuse, gage de longévité. Avec la maturité, la meilleure connaissance de son corps, des positions les plus performantes pour accéder au plaisir de notre partenaire sont autant d'atouts et il n'est pas toujours nécessaire d'aller voir ailleurs si l'herbe est plus verte pour relancer une libido endormie ! Mais pour que l'acte sexuel soit joyeux et complice, il faudra que chacun tienne compte des inquiétudes de son partenaire à cet âge de la vie : les hommes ont besoin d'être rassurés sur leur virilité, les femmes sur leur capacité de séduction. Toute remarque désobligeante sur la vigueur des uns et le physique des autres est donc à proscrire formellement !

### ○ Le plaisir solitaire

Et quand on ne vit pas en couple ? Cette dimension sexuelle de la vie peut tout à fait être entretenue par la masturbation si nous en avons l'envie et en éprouvons le besoin. Longtemps taboue, en particulier pour les femmes, elle sort enfin de l'ombre, grâce notamment à une vieille dame de 90 ans, Rosemonde Pujol, auteur d'un réjouissant essai intitulé *Un petit bout de bonheur* où elle détaille tous les bienfaits de cette pratique sur la santé et l'équilibre psychique, à tous les âges de la vie. Comme le dit avec humour Woody Allen : « Ne dites pas de mal de la masturbation, après tout, c'est une façon de faire l'amour avec quelqu'un qu'on aime bien » ! Pourquoi s'en priver ? Soyez généreux avec vous-même... La masturbation permet de garder la dimension sexuée de son corps. En période de solitude, il est important d'avoir un contact sensuel avec son corps, ne serait-ce qu'en le bichonnant avec des massages, des crèmes..., pour ne pas laisser son épiderme s'endormir. D'ailleurs, être touché reste fondamental jusqu'à la fin de sa vie.

### ○ Rester un être sexué

Certaines femmes s'enferment ou sont enfermées prématurément dans un rôle exclusif de grand-mère. Toute la famille les appelle « mamie » dès la naissance de leur premier petit-enfant ! Pourtant, nous restons des êtres sexués tout au long de notre vie, que nous ayons des petits-enfants ou pas, que nous fassions l'amour ou pas, que nous vivions en couple ou soyions célibataire. Ne nous coupons pas de cette dimension, elle nous permet d'entretenir notre séduction, indispensable pour mettre en marche notre désir sexuel.

## Chouchouter son corps

Qu'il nous plaise ou pas, notre corps est une partie importante de notre identité. Pas question donc de l'abandonner pour se consacrer exclusivement aux joies de l'esprit. Il est source de plaisir et son bien-être rejaillit à son tour sur notre moral et notre équilibre mental, l'un et l'autre n'étant pas dissociés. Quand nos capacités sont limitées, par un accident par exemple, nous pouvons sombrer dans un profond abattement. En revanche, nous le constatons tous : après un massage, un hammam, une randonnée en montagne, nous voilà reconnectés à nos sensations corporelles, l'esprit apaisé.

## Les bienfaits de l'activité

Nous savons tous que l'activité physique est bonne pour la santé. Or, souvent, on prend un abonnement annuel dans une salle de sport et on ne s'y rend que sept ou huit fois... Pourtant, la liste des bienfaits sur notre corps, notre moral, nos capacités intellectuelles est longue, impressionnante même... L'activité physique pratiquée régulièrement a une action contre le développement de certains cancers. Elle réduit les risques d'infarctus, de maladies cardio-vasculaires, abaisse le taux de mauvais cholestérol et augmente le bon, modère l'hypertension artérielle. Elle prévient la prise de poids, affine la silhouette, diminue le risque d'ostéoporose, le risque de dépression, l'anxiété. Elle améliore l'image de soi, quel que soit l'impact réel de la pratique sur le physique : ainsi, les personnes faisant du sport trouvent leur corps plus mince et plus beau, même lorsque celui-ci ne change pas beaucoup en apparence. L'activité physique améliore encore les capacités cognitives et diminuerait de près de 40 % le risque de la maladie d'Alzheimer. Elle aide à réduire le mal de dos, favorise la relaxation, le sommeil – à condition de ne pas en faire trop tard le soir – et suscite des occasions d'échanges et de rencontres. Allez, encore un dernier atout, conséquence de tout ce que nous venons d'énumérer : l'activité physique régulière prolonge l'espérance de vie en forme de plusieurs années. Devant de tels bénéfices, difficile de rester assis, il ne reste qu'un seul mot d'ordre : à nos baskets !

## Renoncer à l'excellence...

Si faire du sport aide à se sentir vivant, vibrant, il n'est pas question d'en faire une obsession pour nier le temps qui passe. Quoi que nous fassions, notre corps va s'affaiblir inéluctablement, même si nous pouvons continuer à avoir une activité physique à notre mesure. Combien de sportifs, refusant ce constat, s'exténuent au-delà du raisonnable, bousillent leurs articulations, pour se prouver qu'ils sont toujours jeunes ? Attention, il n'est pas question ici de dénigrer l'effort, ni la satisfaction d'aller parfois repousser ses limites. Comme pour la chirurgie esthétique, c'est l'excès que nous dénonçons, au mépris parfois de la santé. Notre corps, répétons-le, n'est pas un ennemi à mater, il est là pour nous rappeler nos limites. Profitons de la leçon de philosophie qu'il nous adresse en restant à l'écoute de ses messages.

## Privilégier le plaisir !

Pratiquer une activité physique devrait rester un plaisir et non une occasion de stress supplémentaire. Ce qui doit nous guider ? L'envie. Quand nous nous écoutons vraiment, nous n'avons plus le goût de pratiquer certaines activités. Souvenez-vous, adolescent, au ski, vous ouvriez et fermiez les pistes, mais aujourd'hui, avez-vous toujours le désir de vous lancer ce genre de défi ? Il est bon de faire évoluer ses activités sportives en fonction non seulement de ses capacités, mais du plaisir qu'elles nous procurent, tout en nous adaptant pour compenser les limitations liées à l'âge. Une randonnée de huit heures en montagne, pourquoi pas, si nous prévoyons de dormir confortablement dans un gîte plutôt que passer la nuit sous la tente, qui nous garantit un mauvais sommeil et un mal au dos. La boussole réside dans le sens que l'activité prend pour nous : est-ce pour nous prouver que nous sommes meilleurs que ceux qui ont dix ans de moins ? Certains sportifs ont du mal à ne plus être dans la compétition avec les autres et avec eux-mêmes. Dans ce cas-là, le jour où leurs performances vont diminuer, car les limites du corps ne se repoussent pas à l'infini, la chute sera rude, certains préférant même abandonner l'activité. Mais si nous avons un réel plaisir à grimper trois mille mètres, sans chercher à être premier de cordée, en adaptant notre rythme à nos possibilités, nous pourrons continuer très tard de faire de la montagne avec bonheur. Nous pouvons aussi découvrir de nouveaux intérêts pour des activités que nous ne connaissions pas et qui nous correspondent mieux aujourd'hui.

## La folie du régime

Il suffit de changer quelques habitudes de vie pour voir sa santé et son aspect physique s'améliorer. Pourtant, nous sommes souvent pris par la folie de contrôler notre poids au-delà du raisonnable et du nécessaire. Dans son livre *À dix kilos du bonheur,* la

Québécoise Danièle Bourque note qu'alors que des guerres sévissent un peu partout dans le monde, que le chômage menace, la plus grande peur des femmes est de grossir. Perdre du poids est devenu l'obsession numéro un de nos sociétés de consommation suralimentées. Pendant qu'une grande partie de la planète cherche de quoi manger, une autre mène un combat délirant contre ses grammes en trop. Sommes-nous devenus fous pour que notre tour de taille ait pris une telle importance ? Force est de constater que l'avancée en âge ne nous donne pas toujours plus de sagesse...

## La ménopause, un facteur de poids

Les magazines ont beau vouloir rassurer leurs lectrices en affirmant que la ménopause ne fait pas grossir, avec l'âge, les kilos s'installent plus volontiers. Nous ne disons pas que la prise de poids est inéluctable, mais qu'il faudra surveiller un peu notre assiette si nous ne voulons pas grossir. La raison de ce phénomène ? Elle est très simple : au fil des années, notre « chaudière interne » ralentit et nous avons besoin de moins de calories. Si, à 25 ans, nous pouvions en avaler 2 000 par jour sans prendre un gramme, aujourd'hui, il faut nous contenter de 1 400 calories, sauf à faire du sport pour brûler les excès. L'âge s'accompagne d'une diminution de la masse musculaire, phénomène qui joue sûrement un rôle dans ce ralentissement, les muscles, même au repos, consommant des calories. Ajoutons encore que la baisse d'œstrogènes favorise l'appétit, et donc la prise de poids. Déprimant ? Non, car les diététiciens sont unanimes : en diminuant l'apport de calories et notamment les graisses, et en continuant à faire de l'exercice, nous pouvons conserver une silhouette agréable, même si nous accusons deux ou trois kilos de plus sur la balance qu'à 35 ans.

## Mangez gaiement !

Et si nous refusions cette dictature de la minceur ? Évidemment, il faudra aussi renoncer à entrer dans le jean taille 38 de nos années d'étudiante, sans quoi nous serons condamnées à mener une lutte permanente contre nos envies, bref, à vivre l'enfer du contrôle permanent. Il s'agit de trouver le juste milieu pour conserver le poids dans lequel nous nous sentons bien, tout en continuant à nous faire plaisir. Nous savons que la vie est courte, qu'il faut en profiter, et les joies de la table font partie de ces petits bonheurs, mais la pression est telle que nous finissons par ne plus prendre de plaisir à manger. Le dessert est aussitôt traduit en son équivalent en calories. Si nous nous « laissons aller » à commander un cassoulet, nous nous confondons en excuses et prenons une salade de fruits en dessert pour nous faire pardonner notre gourmandise... Tendez l'oreille au restaurant : vous serez surpris par les discussions qui tournent autour de la diététique, alors que ce devrait être un moment de détente et de partage, pas un lieu de contrôle de son poids ! Bien sûr, nous l'avons dit, il ne s'agit pas de manger des frites à chaque repas, suivies d'une mousse au chocolat. Mais de temps en temps, s'accorder un bon repas, même un peu lourd, ne nous mènera pas sur le chemin de l'obésité. Si nous faisons un écart, ce n'est pas pour cela que nous allons manger en excès tout le temps. Il est bon de se fixer un seuil à ne pas dépasser, d'entamer un dialogue bienveillant et de trouver des compromis entre sa partie gourmande et sa partie raisonnable. D'ailleurs, 95 % des régimes échouent parce que les causes de la prise de poids sont d'ordre émotionnel. C'est dire si l'équilibre global de notre vie a plus de « poids » que ce que nous ingurgitons chaque jour...

## La mémoire ne flanche pas inéluctablement

### ○ Le spectre de la maladie d'Alzheimer

Dès 60 ans, lorsqu'on oublie ses clés sur la table ou l'endroit où nous nous sommes garés, c'est la panique. Une de nos plus grandes craintes liées au vieillissement est la perte de mémoire, qui dans nos esprits est associée à la maladie d'Alzheimer. Cette peur alimente un marché de plus en plus lucratif de méthodes d'entraînement en tout genre, le dernier en date étant l'ouverture d'une salle de musculation cérébrale !

Il faut dire que la vieillesse n'est envisagée que sous cet angle et la grande majorité des émissions qui abordent le sujet prennent pour thème la maladie d'Alzheimer, la dépendance, ou bien les maisons de retraite... Sur cette pathologie de la mémoire, les journaux préfèrent annoncer des chiffres que des pourcentages – pourtant bien moins spectaculaires – et aucune donnée ne vient contrebalancer ce que les médias et les politiques appellent le « fléau du siècle ». Il est temps donc de faire le point en commençant par tordre le cou à quelques idées reçues tenaces, en prenant en compte ce que nous montrent les statistiques et les études les plus récentes : les troubles de la mémoire dans le vieillissement normal sont peu importants et n'ont qu'une incidence minime dans la vie quotidienne ; on a beaucoup plus de chances de vieillir sans avoir la maladie d'Alzheimer que l'inverse et on connaît aujourd'hui certains facteurs de prévention. Il ne s'agit pas de faire de l'angélisme, cette maladie existe bel et bien, ne serait-ce que parce que nous vivons plus longtemps, les risques augmentant avec l'âge... Même si les chiffres varient légèrement d'une étude à l'autre, tous vont cependant dans le même sens. Ainsi, 94 % des personnes âgées de 75 à 79 ans n'ont aucun trouble des fonctions intellectuelles. Entre 80 et 84 ans, elles sont encore 88 %. C'est au-delà de 85 ans que les chiffres varient le plus selon les études, et font apparaître une différence entre les hommes et les femmes : entre 76 et 82 % des hommes ne seraient pas atteints de la maladie d'Alzheimer, et entre 62 et 75 % des femmes.

### ○ Un équilibre de vie en guise de prévention

Il y a actuellement beaucoup de recherches sur les facteurs susceptibles de jouer un rôle dans la prévention de la maladie d'Alzheimer. Que disent-elles ? Qu'il est important de maintenir une activité intellectuelle, mais aussi physique. D'après une étude suédoise, les personnes qui s'entretiennent physiquement ont un risque de maladie d'Alzheimer ou de trouble apparenté diminué de près de 40 % par rapport aux personnes sédentaires ! Plusieurs aliments, notamment ceux riches en oméga 3, sont excellents pour la mémoire ; les Japonais, grands consommateurs de poisson auraient d'ailleurs peu de troubles de la mémoire. Traiter l'hypertension artérielle, l'excès de cholestérol, l'obésité, est également fondamental, ces pathologies représentant des facteurs de risque loin d'être négligeables. Dans un autre registre, un réseau social riche et chaleureux ainsi que le fait de donner un sens à sa vie vont dans le sens d'une préservation des facultés cérébrales. Bien manger, bien s'entourer, donner du sens à sa vie… tous les conseils de ce livre devraient vous permettre de chouchouter votre mémoire et votre cerveau, bien mieux que les exercices que l'on veut vous vendre à grand renfort de marketing : à force de les faire, vous finissez par en connaître le mécanisme par cœur et ils ne servent plus à grand-chose ! En revanche, rester vif, actif, curieux, se confronter à des situations nouvelles qui mobilisent notre capacité d'adaptation, de concentration, de réflexion tout comme notre motivation reste la meilleure des préventions.

### ○ Une fuite de la réalité ?

Selon une étude récente, il semblerait que les traumatismes non résolus soient un facteur favorisant l'apparition de la maladie. Comme si les personnes atteintes de cette pathologie préféraient oublier les événements trop négatifs de leur existence. Si la vieillesse est une étape pour remettre de l'ordre dans sa vie et lui donner un sens, force est de constater que les personnes qui se battent contre les ombres du passé ont du mal à faire face sereinement aux pertes liées à l'âge. Ne parvenant pas à se mettre en paix avec elles-mêmes, elles préfèrent quitter la scène du monde. Se réconcilier avec son passé comme nous vous le proposons au chapitre 7 serait alors une façon de prévenir les troubles des fonctions intellectuelles. Certains spécialistes avancent une autre hypothèse : le miroir que tend nos sociétés occidentales aux personnes âgées serait tellement négatif qu'elles préféreraient fuir la terreur du vieillissement dans l'oubli. Une piste non négligeable...

### ○ Le cerveau, un outil en pleine ébullition !

La perte des neurones avec l'âge est aujourd'hui remise en cause et les recherches récentes mettent plus l'accent sur la plasticité cérébrale, c'est-à-dire la faculté du cerveau à se réorganiser en modifiant les connexions entre les neurones. Avec l'âge, ce sont surtout les capacités d'attention et de concentration qui diminuent : en bref, à 80 ans, nous sommes capables de résoudre des problèmes aussi complexes qu'à 20, mais plus lentement. Pour entretenir ses facultés intellectuelles, il est donc important d'avoir suffisamment d'activités qui font appel à la réflexion, à l'imagination, à la concentration, à la planification. Pas besoin de passer une thèse pour autant : préparer un voyage, envisager de créer un jardin potager, lire, jouer aux cartes, font déjà travailler toutes ces fonctions ! Il est important de privilégier la nouveauté des situations pour que le cerveau garde l'habitude de s'adapter, de mémoriser de nouvelles informations. Oui, les capacités intellectuelles restent presque intactes pourvu que l'on prenne la peine d'avoir une activité intellectuelle régulière. Pour s'en convaincre, il n'y a qu'à écouter les dernières interviews de Claude Lévi-Strauss, données à plus de 100 ans. Ce qui persiste encore et toujours, c'est l'inégalité créée par le milieu socioculturel, et donc le plus souvent, socio-économique...

## Repenser la douleur

« Si, à 50 ans, vous vous réveillez sans douleur, c'est que vous êtes mort. » Cette boutade en dit long sur la façon dont nous envisageons les maux qui vont impitoyablement s'abattre sur nous... Ces mots tueurs creusent un sillon profond. Mais est-ce si sûr ? Évidemment, si, quand nous avons mal au dos, nous acceptons, fatalistes, d'en souffrir, persuadés que c'est notre lot de quinquagénaires et que cela ne va pas aller en s'arrangeant, il y a de fortes chances qu'il persiste. Nous disions-nous la même chose à 30 ans ? Une fois de plus, les croyances négatives sur la souffrance n'arrangent rien et si l'état de nos articulations et certaines pathologies comme l'arthrose sont effectivement plus fréquentes après 50 ans, âge ne rime pas forcément avec douleur. D'autant que son ressenti est un phénomène complexe et bien souvent mystérieux. Devant une même pathologie, certains restent pliés en deux sur leur lit en gémissant tandis que d'autres continuent à vaquer à leurs occupations, ne ressentant qu'une gêne tout à fait supportable. Toutefois, si l'aspect subjectif est important, attention à ne pas minimiser les souffrances par une approche psychosomatique mal digérée. « Ah, tu en as plein le dos ? »

sourit d'un air entendu votre meilleure amie devant votre lumbago. Ces interprétations outrancières ne nous font guère avancer et ont même des effets nocifs en nous culpabilisant, comme si nous pouvions tout contrôler par la volonté ! Entre cette toute-puissance et l'impuissance, il existe une troisième voie qui consiste, quelle que soit l'origine de notre souffrance, à ne pas nous positionner en victime. La douleur est un phénomène physique bien réel qui a un impact psychologique, entraînant une rumination, un repli sur soi. Elle atteint le moral, augmente notre sensibilité au stress et aux émotions et plus nous stressons, plus nous avons mal ! C'est ce cercle vicieux qu'il faut casser.

## Prévenir les maladies

Tout comme nous avons un contrôle sur notre vie sociale, amoureuse, nous l'avons aussi sur notre santé, laquelle dépend en partie de notre responsabilité individuelle. Emparons-nous de la prévention, même si la France n'est pas très avancée dans ce domaine et préfère guérir que prévenir. Or nous faisons parfois mine de l'oublier et délaissons la mammographie par peur, mais nos négligences risquent de nous rattraper. Les écueils à éviter ? Penser que la santé relève du destin, ou refuser la prévention par déni du temps qui passe, ou encore devenir obsédé de son « capital santé » au mépris de la jouissance de la vie. Il est prouvé désormais qu'une bonne hygiène de vie et une alimentation saine renforcent le système immunitaire et protègent de nombreuses maladies, à commencer par le risque de cancer et de maladies cardio-vasculaires. Selon l'OMS, 85 % des cancers sont influencés par notre environnement et notre mode de vie. Deux bémols toutefois : la nutrition anti-âge n'existe pas, aucun régime alimentaire ne nous empêchera de vieillir... Ensuite, les éléments environnementaux ne relèvent pas de notre seule responsabilité individuelle puisqu'ils intègrent, par exemple, la pollution industrielle, la mal-bouffe généralisée... À moins que nous ne décidions de mener un combat, politique cette fois, pour arrêter qu'on nous prenne pour des gogos capables d'avaler n'importe quoi. Le comble ? Ces publicités pour des aliments gras, sucrés, sans aucun intérêt nutritionnel, accompagnées d'un message de prévention nous enjoignant à en limiter la consommation. D'un côté, on nous dit « achetez, c'est bon », de l'autre, « n'en mangez pas, c'est mauvais pour la santé ». En psychologie, ce mécanisme relève de ce que l'on appelle une injonction paradoxale, très perturbante sur le plan psychologique.

## Bien vieillir demande des efforts

Signe de notre temps, on voudrait nous faire croire que nous pouvons garder la ligne en mangeant tout ce que nous voulons, nous muscler sans rien faire grâce à des machines, prévenir le vieillissement en avalant des compléments alimentaires et en nous tartinant d'antirides. Nous préférons nous laisser bercer par ces promesses qui nous dédouanent de tout effort, alors que l'efficacité de tout cet arsenal est loin d'être démontrée ! Là encore, notre maturité devrait nous donner le recul nécessaire pour ne pas avoir la naïveté de croire ces messages trompeurs. Tous ces produits sont plus chers que manger moins et mieux, bouger plus, penser plus et réduire notre stress, mais ils nécessitent moins d'énergie ! Or bien vieillir demande des efforts et de la régularité. Aller à la piscine une fois tous les trois mois ne suffira pas à entretenir nos muscles... Garder la ligne impose aussi quelques restrictions. Oubliés, le fromage à tous les repas, les croissants chaque matin au bistrot du coin, le verre d'apéro et de vin chaque soir. Mais le jour de la semaine où nous nous les accorderons, ils auront une saveur inestimable...

## À vous de jouer !

### ○ Le miroir imaginaire et indulgent

Nous avons vu tout l'intérêt qu'il y a à traiter son corps avec bienveillance. Nous vous proposons un petit exercice salvateur, le miroir imaginaire. Commencez par imaginer vos cheveux, leur

implantation, vos sourcils, la couleur de vos yeux, comme si vous étiez devant un miroir. Observez le haut de ce que vous portez aujourd'hui, imaginez ce vêtement en train de bouger autour de vous, votre corps en train de respirer en dessous. Faites cet exercice comme si vous virevoltiez devant une glace dans une cabine d'essayage. Il s'agit de recevoir votre image sans la juger, de la façon la plus neutre possible. Le plus gros travail sur l'estime de soi est de commencer par s'accepter globalement, de ne pas se sous-estimer en se comparant aux autres.
Vous pouvez aussi vous placer devant une glace ; choisissez un vêtement qui vous va bien, un éclairage flatteur ; commencez par vous sourire et cherchez un détail chez vous que vous aimez bien. Attardez-vous sur vos cheveux soyeux, vos yeux bleus, vos longues jambes... et passez vite sur les côtés qui vous déplaisent, pour ne pas renforcer le négatif.

○ **Choisissez une activité qui vous va bien**

Sachez que marcher trente minutes par jour ou une heure trois fois par semaine ou faire vingt minutes d'activité plus intense trois fois par semaine, suffisent à vous garder en forme et en bonne santé. La bonne nouvelle ? L'activité physique – et notamment les sports d'endurance, comme la marche, le jogging, la natation – gomme avant tout la graisse du ventre car elle est la plus disponible. Le vélo quant à lui est un excellent exercice pour entretenir son cœur, maintenir son poids, se vider la tête... Pourquoi ne pas essayer le yoga, le tai-chi, le qi gong, des activités qui apaisent le mental, délient les gestes en douceur ? L'essentiel est de choisir une activité que vous pratiquerez avec plaisir. Si vous êtes totalement allergique au sport, les médecins insistent aujourd'hui sur l'importance des autres activités qui permettent au corps de bouger : jardiner, bricoler, délaisser l'ascenseur pour les escaliers, aller au travail à pied...

**○ Luttez contre la perte de mémoire**

Nous l'avons vu plus haut, c'est la diversité des activités qui est essentielle. Privilégiez des activités qui mettent en branle une large palette : jardiner demande de s'organiser, d'anticiper, tout comme jouer à la belote ou au poker entre amis se révèle être un excellent stimulant ! Même regarder la télévision, si l'émission nourrit votre curiosité, vos discussions ou fait appel à votre intellect, sera bénéfique. Laissez tomber les sudokus et autres mots fléchés s'ils vous ennuient et que vous ne les faites que parce que c'est bon pour la mémoire. Supprimez les béquilles de la mémoire pour la solliciter, et si vous faites la liste des courses, mettez-la dans votre poche et ne la sortez que pour vous assurer de n'avoir rien oublié avant de passer en caisse. Essayez de vous souvenir de vos rendez-vous les plus importants sans les noter. Enfin, parlez aux autres, c'est la meilleure façon d'entretenir votre fluidité verbale et la richesse de votre vocabulaire ! Nous l'avons vu, beaucoup de problèmes de mémoire sont en fait des problèmes d'attention et de concentration. La présence à l'instant que nous évoquerons plus particulièrement au chapitre 11 est donc essentielle. Le manque de motivation et d'intérêt, l'ennui, le repli sur soi sont également des ennemis de la mémoire ; entretenez donc votre curiosité, cherchez ce qui peut vous surprendre ! Enfin, luttez contre le stress qui a également un effet délétère sur la mémoire.

### ○ Apprivoisez votre douleur

Il est intéressant de se poser quelques questions : que vous dites-vous quand vous avez mal ? Comment changer vos pensées si vous sentez qu'elles sont teintées de fatalisme, et induire des suggestions positives qui viendront se substituer aux anciennes ? Ainsi, si après une accalmie une de vos douleurs revenait, pourquoi ne pas vous dire qu'elle n'est que temporaire et penser que vous irez sans doute mieux demain ? Faire une activité qui vous passionne peut vous permettre de sortir du cercle vicieux de la douleur évoqué plus haut, de ne pas rester concentré sur votre souffrance. La visualisation d'une scène paisible vous distraira également de votre mal (reportez-vous au *À vous de jouer !* du chapitre 6 « Diminuez votre stress »). Des études scientifiques confirment l'efficacité de la relaxation, en complément aux traitements. La douleur est en effet souvent associée à la mise en tension d'un organe ou d'un muscle : en vous relaxant, vous diminuez ces tensions et souffrez moins. L'hypnose est encore un bon recours. Elle désigne à la fois la technique et l'état légèrement modifié de conscience qui se situe entre la veille et le sommeil, état qui entraîne une modification de la perception de l'espace et du temps, de l'image du corps, des sensations et de la sensibilité. Il existe des techniques d'autohypnose qui vous permettent d'agir vous-même sur votre douleur.

### ○ Le b.a.-ba d'une alimentation équilibrée

En adoptant ces grands principes, vous allez conserver un poids raisonnable et prévenir un grand nombre de maladies, sans vous affamer avec des régimes farfelus.

• Trier mauvaises et bonnes graisses

Les graisses ont longtemps été la bête noire à chasser de notre assiette. Pourtant, notre corps a besoin des acides gras essentiels pour bien fonctionner. Aujourd'hui s'établit une distinction entre les bonnes et les mauvaises graisses. Les bonnes ? Le beurre et l'huile, à consommer avec modération :

dix grammes de beurre cru sur les tartines du matin, deux à trois cuillères à soupe d'huile riche en oméga 3, comme l'huile de colza ou l'huile de noix, et l'huile d'olive, qui a des propriétés antioxydantes. Les mauvaises ? Celles contenues dans la charcuterie et celles qui, insidieusement, avancent masquées dans les plats industriels, les pâtisseries, les biscuits. Ces graisses-là sont la plupart du temps saturées, hydrogénées et favorisent le mauvais cholestérol. À bannir le plus souvent possible...

• Préférer les sucres lents aux sucres rapides

Comme pour les graisses, les sucres se divisent en deux familles : les rapides et les lents. Dans la première, on trouve le sucre, les desserts, la confiture, le chocolat... Il ne s'agit pas de les supprimer car ils donnent de l'énergie rapidement et de la douceur à la vie, mais de ne pas en avaler trop et de les choisir non raffinés, car sinon, ils favorisent la prise de poids et l'inflammation de l'organisme. Bon à savoir : si on mange des légumes, les fibres ralentissent l'assimilation des glucides et transforment les sucres rapides en sucres lents. On peut donc s'offrir un petit dessert sucré sans regrets. La famille des sucres lents rassemble les féculents, les céréales – à choisir complètes de préférence – et sont à consommer chaque jour pour avoir de l'énergie, éviter d'avoir faim et donc grignoter des sucres rapides entre les repas.

- Privilégier le poisson à la viande rouge

Les protéines sont indispensables pour conserver la masse musculaire qui a tendance à fondre avec les années. Au menu, du poisson – à consommer au moins trois fois par semaine –, de la viande – blanche de préférence – et des œufs. Limitez la viande rouge à deux ou trois fois par semaine : trop riche, elle favorise le cholestérol. L'idéal est de cuisiner les protéines avec le moins de gras possible : en grillade, à la vapeur, avec des épices, en bouillon... Sachez que vous pouvez aussi consommer des protéines d'origine végétale comme le soja et les légumineuses – lentilles, pois chiches, pois cassés...

- Augmenter sa consommation de légumes et de fruits

C'est la clé de la bonne santé, même si en manger cinq par jour n'est pas toujours facile ni à portée de toutes les bourses. Pour David Servan-Schreiber, un plat complet devrait être constitué de 80 % de légumes et de 20 % de protéines.

- Les laitages

L'apport en calcium est nécessaire, voire fondamental pour limiter les risques d'ostéoporose. Mais les nutritionnistes ont des avis partagés, parfois même contradictoires sur les sources d'apport. Sans entrer dans cette polémique, sachez qu'en plus des laitages certaines eaux minérales et les fruits et légumes contiennent aussi le précieux calcium.

• Le curcuma, poudre magique

Saupoudrez vos aliments de curcuma : ce condiment est un des plus puissants anti-inflammatoires qui soit et un vrai stimulant de la digestion. En plus, il donne bon goût aux plats et permet de réduire les matières grasses. Il sera encore plus efficace si vous le combinez avec du poivre noir. De façon générale, utiliser les épices vous permettra de limiter votre consommation de sel, très nocif pour la santé en cas d'excès.

• Boire du thé vert

Le thé vert est une véritable potion magique. Grâce aux nombreux polyphénols qu'elle contient, cette boisson a une puissante propriété antioxydante. Non seulement elle prévient le vieillissement de nos cellules, les maladies cardio-vasculaires, le cancer – selon le docteur David Servan-Schreiber, en boire trois tasses par jour constituerait déjà une véritable prévention –, mais elle nous prémunit également du stress. Une étude menée au Japon a montré que les personnes ayant bu cinq tasses de thé vert par jour diminuaient de 20 % leur niveau de stress. L'idéal ? Du thé vert japonais, à laisser infuser dix minutes, à raison de cinq tasses japonaises par jour

– soit deux de nos bols –, en évitant d'y ajouter du lait car il neutralise les bienfaits de la boisson. Pour ceux qui craignent de mal dormir en absorbant trop de théine, il suffit d'infuser le thé dans très peu d'eau pendant une minute et de jeter cette première infusion avant de remplir sa théière.

**○ Vive la vitamine D !**

La vitamine D est indispensable au maintien de notre capital osseux, lequel se fragilise avec les années, notamment après la ménopause. Elle préviendrait également les accidents cardio-vasculaires ainsi que le cancer. Plusieurs chercheurs ont montré que plus le taux de vitamine D est élevé, plus le risque de développer cette maladie est bas, et plus les chances de survie sont fortes en cas d'atteinte. Pourtant, selon les dernières études, 70 % des Français manqueraient de cette fameuse vitamine. Les causes de ce déficit ? Nos modes de vie modernes. À force de prendre le métro, de travailler dans des bureaux, de faire du sport en salle, nous voyons de moins en moins le soleil. La solution entre prévention des risques d'une exposition au soleil et besoin en vitamine D ? Une fois de plus, dans la mesure. Sous nos latitudes, s'exposer dix minutes au soleil entre midi et 13 heures – heure à laquelle grâce aux rayons UVB, la synthèse est la plus efficace – deux ou trois fois par semaine, d'avril à septembre, nous garantit un apport suffisant pendant cette période. Rien à voir donc avec le fait de se faire griller sans protection pendant cinq heures. Deux portions par semaine de poisson gras (saumon, maquereau, sardine, hareng) nous apportent encore un complément intéressant. Pendant l'hiver, le seul moyen de combler les carences si vous vivez dans une région peu ensoleillée, consistera à faire un bilan et à prendre un complément alimentaire sous forme de comprimés ou d'ampoules prescrits par votre médecin.

### ○ Enfermez la balance dans le placard

Pour diminuer l'obsession du poids, enfermez votre balance dans un placard, si vous hésitez à vous en débarrasser franchement. Se peser une fois par semaine pour les plus anxieux, une fois par mois pour les autres, est amplement suffisant.

### ○ Retrouvez un bon sommeil

Avec l'âge, des changements physiologiques peuvent s'opérer : allongement du délai d'endormissement, réduction du temps de sommeil nocturne, répartition différente du besoin de sommeil sur vingt-quatre heures. Comprendre cette évolution permet de ne pas la prendre pour de l'insomnie et d'adapter son comportement. Comment bien dormir ? Une bonne nuit se prépare de jour. Les activités physiques la favorisent, à condition de ne pas en faire après 19 heures, sinon, elles deviennent source d'excitation. L'exposition simple à la lumière du jour permet de réguler l'horloge biologique interne. Si vous travaillez dans un bureau ou ne sortez guère de votre appartement peu lumineux, une petite promenade à l'air libre à l'heure du déjeuner est alors nécessaire. Si vous faites la sieste, ne dormez pas plus de trente minutes et évitez de boire du café et du thé après 17 heures. Repérez le moment où vous avez vraiment sommeil pour aller au lit et préparez votre endormissement par des rituels : faites votre toilette, buvez une tisane, écoutez une musique douce, lisez un livre positif, feuilletez votre carnet de petits bonheurs des jours passés, effectuez quelques exercices de relaxation ou de respiration profonde (reportez-vous au chapitre 6, « Diminuez votre stress »)... Le lit devrait être réservé exclusivement au sommeil et à l'amour, ce qui signifie de bannir de votre chambre télévision et ordinateur. Attention, toutefois, à ne pas faire du sommeil une obsession : pour dormir, il faut se laisser aller, ne pas être sur le qui-vive en le guettant anxieusement, comme ont tendance à le faire les insomniaques.

### ○ Évitez le tabac, buvez avec modération

Ce n'est pas un scoop : les excès de tabac et d'alcool sont néfastes pour notre santé, les médecins sont unanimes sur cette question depuis longtemps. Toutefois, évitons de tomber dans l'ascétisme, ce sont les excès qui sont préoccupants, pas la cigarette après les repas quand elle se limite à deux par jour – mais qui y parvient vraiment ? – ni le verre de vin bu avec joie, habitude qui aurait même un effet protecteur contre les maladies cardio-vasculaires, alors...

**○ Dites oui aux massages, au hammam...**

Prendre soin de son corps permet de se sentir vivant, de mieux accepter le passage du temps. Nous ne sommes plus dans l'apparence, mais dans les sensations internes agréables. Grâce aux massages, à la thalassothérapie, aux après-midi hammam avec les copines, nous renouons pleinement un contact amical avec notre corps, parfois même avec nos rondeurs, goûtant pleinement la vie ici et maintenant. Personne ne sort d'un massage ou du sauna en se trouvant gros, mou, moche. Nous sommes « touchés », au vrai sens du terme. Ces pratiques permettent une réelle réconciliation avec son corps nu, une prise de conscience de ses contours, un vrai plus pour la sexualité. Trop de femmes avançant en âge n'osent plus se mettre nues devant leur compagnon, ou alors cette pudeur devient un frein à une nouvelle rencontre. Il faut s'aimer suffisamment pour aller vers l'autre, sans toutefois se vouer un culte, comme ces personnalités narcissiques passant leur vie à se regarder dans une glace, à guetter chaque changement. Dans ce cas-là, il n'y a de place pour personne d'autre qu'elles...

### ○ Soignez votre allure

L'âge avançant, soigner son allure est excellent pour son moral, une preuve de respect pour sa personne et pour les autres, même si nous avons aussi le droit de nous octroyer des journées à paresser en pyjama. Un maquillage trop appuyé n'est plus de mise – exit les yeux charbonneux, la bouche trop rouge, un fond de teint foncé qui donne dix ans de plus – mais un maquillage discret mettra en valeur les yeux et la bouche. L'avantage de l'âge ? En général, nous avons trouvé notre style, nous savons ce qui nous va ou pas. Là encore, cela passe par quelques deuils, dont la minijupe et les tenues aux couleurs criardes, sans renoncer pour autant aux gaies. La démarche a beaucoup d'importance : marchez la tête haute, sans traîner les pieds. La façon de se tenir rejaillit sur le moral, et le moral nous aide à nous redresser. Avez-vous remarqué combien nous changeons d'allure quand nous nous sentons joyeux ? En revanche, quand nous sommes d'humeur morose et n'avons pas confiance en nous, nous avons tendance à regarder vers le sol, à avoir les épaules voûtées, le pas lourd.

# 9
# Plus belle la vie avec les autres

> « Traitez vos amis comme des tableaux : placez-les dans la lumière la plus favorable... »
>
> Winston Churchill

## Du bonheur de se sentir relié aux autres

Nous l'oublions parfois, mais l'homme est un animal social. Il n'est pas fait pour vivre seul et a besoin des autres pour son bonheur. En nous donnant ce sentiment d'être relié, d'appartenir au genre humain, nos différents liens affectifs et sociaux nous offrent une force de vie, un puissant réconfort nous permettant de déployer toutes nos ressources. Plus encore, l'appartenance à des groupes sociaux est indispensable pour définir qui nous sommes, car nous étayons notre identité au contact de ceux avec lesquels nous partageons des valeurs et une culture commune, que ce soit des idées politiques, une religion, une passion... Malheureusement, nous sommes de moins en moins reliés aux autres, et développons un sentiment grandissant d'être un atome jeté dans l'univers. La politique est moins un facteur de regroupement, la religion a perdu de sa capacité à créer une identité, la famille est souvent éclatée... Il faut lutter contre cet éparpillement, cette solitude, car notre sentiment d'appartenance est un facteur de bonne santé et de bien-être, au moins aussi important que la bonne alimentation et l'activité physique ! Toutefois, ce n'est pas la quantité qui fait l'intérêt, mais la qualité des liens qui nous unissent : mieux vaut appartenir à deux groupes où les valeurs communes sont fortes, où les membres sont très soudés, que multiplier des liens distendus. Munis d'un réseau social riche et diversifié, nous affronterons mieux les épreuves de la vie : si je perds mon emploi, et donc mes collègues de bureau, mais que j'ai d'autres groupes sur lesquels m'appuyer, la chute sera amortie...

## Des amis à tous les âges de la vie

Donner de l'importance aux relations sociales et affectives est fondamental à tous les âges, mais plus encore au tournant de la maturité. Ainsi, l'amitié devient vraiment précieuse à ce moment de notre vie. En couple, lorsque les enfants seront partis, elle constituera une ouverture, que ce soit en développant un réseau commun ou en ayant des amis chacun de son côté. Et si nous vivons seul ? Avoir des amis devient encore plus indispensable. Voici donc un moment propice pour resserrer nos liens d'amitié, renouer avec des amis perdus de vue, ou encore développer de nouveaux contacts. Il existe un risque d'isolement avec l'avancée en âge, parfois une tendance au repli sur soi ; alors luttons énergiquement contre cette mauvaise pente... Une idée reçue bien néfaste voudrait qu'avec l'âge, il soit plus difficile de faire de nouvelles rencontres. Certes, nous évoluons souvent dans des cercles plus restreints qu'à 20 ans – encore que ce ne soit pas vrai pour tout le monde –, mais la capacité à se faire des amis, elle, reste intacte, pour peu que nous en ayons le désir. Renée, qui n'avait jamais eu de relations intimes du vivant de son mari, s'est fait une meilleure amie à... 80 ans !

## Des relations authentiques et intimes

Aujourd'hui, les réseaux sociaux multiplient le nombre d'« amis » et certains en affichent fièrement mille quatre cent vingt et un sur leur page Facebook. De quoi s'agit-il alors : de faire le plein d'amis ou de tisser des relations chaleureuses ? Le véritable ami est celui qui nous a choisi, mieux, qui nous a préféré. Une relation authentique et intime avec trois ou quatre personnes est préférable aux relations superficielles avec une vingtaine. Toutes les études sur les relations montrent que ce n'est pas la quantité mais la qualité du lien qui favorise le bien-être psychologique, comme nous l'avons vu pour l'appartenance à différents groupes. L'amitié serait même un facteur plus déterminant pour notre bonheur que la richesse des relations familiales, souvent vécues comme une obligation, quand elles sont marquées par le conflit et les tensions. Les relations amicales, qui se bâtissent sous le sceau des affinités et de la réciprocité, viennent souvent d'ailleurs compenser ces mésententes.

## Les amis sur Internet

### ○ Des atouts indéniables

Il n'est pas question pour autant de jeter la pierre aux réseaux sociaux. Ils permettent aux membres d'une famille ou aux amis éloignés de garder le contact, malgré les déménagements, les mutations, et de retrouver parfois des personnes perdues de vue. Quant aux timides, ils peuvent commencer à échanger à distance avant de se lancer dans une rencontre de visu, ces premiers contacts les aidant à s'ouvrir, à avoir une meilleure aisance relationnelle. Les enquêtes montrent que de nombreux contacts virtuels débouchent en fait sur de vraies rencontres. Si l'amitié se nourrit d'affinités, les groupes sur Internet se rassemblent souvent autour de passions communes et la solidarité bat son plein, que ce soit pour dénicher un stage de yoga ou des films introuvables... Bref, Internet permet d'étendre son cercle de proches, nous donnant le sentiment d'appartenir à un vaste réseau, impression rassurante et source de satisfaction en termes d'image de soi, même si elle contient sa part d'illusions.

### ○ Des risques certains

Ces contacts sociaux nécessitent peu d'engagement. Ensemble, oui, tant que la relation ne demande pas trop d'investissement. Or l'amitié demande de la disponibilité, quand l'un a besoin de s'épancher pour y voir clair dans son couple, quand il ou elle a des difficultés avec ses enfants. L'ami est là pour consoler, conseiller. Peut-on vraiment parler d'amitié si dès que l'un a besoin de soutien, l'autre clique sur un ami plus souriant ? Le vrai risque serait de se contenter de ce type de liens, que les sociologues qualifient de « faibles » au détriment des liens « forts », qui, eux, ont besoin d'être entretenus par un contact en chair et en os. Car rien ne remplacera jamais la rencontre réelle ! Nous nous plaignons souvent de ne pas avoir assez de temps pour voir nos amis mais ne semblons pas en manquer pour passer des heures derrière notre écran. Pourquoi préférer « chatter » tout seul dans sa chambre qu'aller prendre un verre avec un copain au bistrot? Une enquête américaine[1] a montré que les heures supplémentaires consacrées à Internet avaient fait baisser de vingt-quatre minutes le temps passé physiquement avec ses amis, ses collègues ou sa famille.

## La contagion émotionnelle

Comme le souligne Norman Nie, le chercheur qui a conduit cette enquête, « via Internet, on ne peut ni se toucher, ni s'embrasser »... Or savez-vous qu'à chaque fois que nous touchons une personne qui nous est chère, nous libérons de l'ocytocine, appelée l'hormone de l'attachement, celle-là même qui se libère lorsque le bébé tête sa mère ou quand nous faisons l'amour? Cette ocytocine déclenche en nous un flot de sentiments d'affection. Résultat: plus nous avons un contact affectueux avec nos amis, plus nous nous attachons à eux...

Le contact à distance ne favorise pas la contagion émotionnelle, si précieuse dans les relations humaines. Selon les études de Goleman, grâce à l'action des neurones miroirs découverts en 1990, chaque fois que nous sommes en contact avec une personne, que ce

1. Parue dans le *New York Times* en 2004, reprise par D. Goleman dans *Cultiver l'intelligence relationnelle*, Robert Laffont, 2009.

soit face à face, voix à voix ou peau à peau, nos cerveaux entrent en relation, les mêmes aires s'activent de part et d'autre, nous conduisant à prendre la même expression, à ressentir des émotions similaires. Ainsi, quand quelqu'un vous parle en chuchotant, vous lui répondez en chuchotant. Observez encore deux amis qui discutent dans un café : souvent, ils se tiennent de la même manière, hochent la tête ensemble, sourient en même temps pour se mettre au diapason et mieux communiquer. À quoi sert ce mimétisme dans la relation ? Prenons deux amis : l'un a du chagrin, l'autre, devant le récit de ses déboires, va adopter les mêmes mimiques de tristesse. Ce mimétisme va permettre au premier de mieux ressentir ce que vit le second et le disposer ainsi à lui venir en aide. Une équation qui peut se résumer ainsi : je t'écoute, je ressens la même chose que toi, donc je te soutiens.

## Les relations s'impriment dans notre cerveau

Nous venons de voir que nos cerveaux sont capables de communiquer entre eux... pour le meilleur et pour le pire ! Si les relations bénéfiques ont un impact positif, les relations toxiques peuvent avoir un effet de poison sur nous. Ainsi, la fréquentation régulière d'une personne pendant des années peut sculpter la forme, la taille, le nombre de nos neurones et de leurs connexions, bref, remodeler notre cerveau. Inquiétant ? Non, car sachant cela, nous allons garder à distance les personnes néfastes et développer les contacts avec les plus gratifiantes, d'autant qu'il semble même que les relations toxiques soient un facteur de risque dans les maladies du cœur, plus important encore que le tabagisme, l'obésité et le cholestérol ! Une bonne nouvelle encore ? Toujours grâce à la plasticité neuronale, il est prouvé que nos relations affectueuses et positives peuvent nous réparer à n'importe quel moment de notre vie...

## Les confidences renforcent le lien

Quand nous vivons un événement fort, gai ou triste, nous éprouvons souvent le besoin de le confier à nos amis. C'est un besoin très sain car ce partage renforce le lien entre nous. Les psychologues qui s'intéressent à l'amitié insistent sur le fait que les personnes qui livrent à leurs proches des détails intimes sur leur vie sont plus appréciées que celles qui parlent de la pluie et du beau temps. Par manque d'habitude ou par pudeur, certains hésitent à parler de leurs soucis, ne voulant pas gêner ou montrer leurs faiblesses. Ce constat va les y encourager, sachant qu'un lien équilibré doit donner à chacun la possibilité de s'épancher. Pour le psychosociologue Jean Maisonneuve, l'amitié est « un pacte tacite d'égalité et de réciprocité » : quand l'un de ses piliers est rompu, elle se fissure. Quant au philosophe Chamfort, il résume fort bien ce subtil équilibre : « J'ai renoncé à l'amitié de deux hommes : l'un parce qu'il ne m'a jamais parlé de lui, l'autre parce qu'il ne m'a jamais parlé de moi. »

## Des amitiés plus riches

Si la quantité ne fait pas la qualité du lien, la diversité est en revanche un bel atout. En ayant des contacts dans des milieux variés, nous avons l'occasion de déployer les différentes facettes de notre personnalité et de mieux cerner qui nous sommes : avec les membres de notre club d'alpinisme, nous incarnons le sportif de bonne humeur, avec nos collègues de bureau, celui sur qui on peut compter en cas de coup dur, avec nos amis cinéphiles, le plus calé sur le cinéma italien. Les relations sont encore une belle occasion de nous enrichir au contact de personnes différentes, tenter des expériences que nous n'aurions pas osé expérimenter seul. À ne fréquenter que des personnes qui nous ressemblent, nous sommes forcément moins ouverts. C'est pourquoi il est intéressant aussi de fréquenter des hommes et des femmes d'âge différents. À 50 ans, nous pouvons être proches de personnes de 30 ans comme de 70 ans, ce qui était moins courant quand nous étions plus jeunes.

## Le groupe amical, un soutien efficace

S'y mettre à plusieurs est toujours plus motivant, que ce soit pour arrêter de fumer, reprendre le sport ou changer ses habitudes alimentaires. Commencer avec des compagnons de bonne fortune accroît considérablement nos chances de succès. Le groupe rappelle l'engagement pris, chacun devenant mutuellement responsable de la réussite des autres. Quand l'un craque ou a la flemme, l'autre est là pour le booster, à charge de revanche... Lors d'un programme de perte de poids aux États-Unis, ceux qui le suivaient avec des amis voyaient leur taux de participation jusqu'à la fin monter à 95 %, 66 % ne reprenant pas de poids pendant six mois, tandis que dans le groupe où chacun était venu seul, les chiffres tombaient à 76 % et 24 %.

## Faire son bilan de relations familiales, sociales et amicales

Parfois, nous entretenons certaines relations par habitude, alors que nous n'avons plus grand-chose à nous dire et qu'elles prennent la place d'éventuelles nouvelles rencontres plus enrichissantes. Le temps nous est compté, autant le consacrer aux relations qui le méritent et, puisque nous voulons privilégier la qualité du lien, un tri peut s'avérer nécessaire. Il est bon de se poser des questions et d'essayer d'y répondre sincèrement. Ainsi, que m'apporte cette amitié ? Est-ce que j'ai toujours du plaisir à voir cette amie quand je me rends compte que toutes nos rencontres se déroulent de la même façon : passer en revue la famille, dire du mal de la même personne, selon un scénario immuable d'une semaine sur l'autre ? Et ce copain qui ne parle que de lui, ne me pose jamais une question sur moi, ma famille, mes éventuels soucis ? L'amitié se nourrit de liens réciproques et équilibrés : lorsqu'elle se transforme en confidences à sens unique, vaut-elle vraiment la peine d'être poursuivie ? Sans parler de cette soi-disant « amie de toujours » qui ne manque pas de nous dévaloriser à chaque fois qu'elle nous voit. Quel intérêt à entretenir une relation qui nous mine ou nous indiffère ? Nous l'avons vu plus haut, les relations toxiques ont sur nous un impact durable, mieux vaut les fuir... Le même passage en revue s'impose pour les liens sociaux et familiaux. Quelle place occupez-vous dans les groupes auxquels vous appartenez ? Est-ce qu'elle vous convient ? Qu'est-ce que vous apporte aujourd'hui cette association dans laquelle vous êtes depuis dix ans ? Et dans votre famille ? Êtes-vous obligé de répondre systématiquement aux invitations de cette tante chez qui vous allez plus par devoir que véritable envie ? Est-ce que le déjeuner dominical chez vos parents vous satisfait ou est-il devenu une corvée ? Le bilan doit vous permettre de cerner comment améliorer vos relations pour qu'elles soient plus harmonieuses, sachant qu'il vous faudra trouver un équilibre entre culpabilité et satisfaction, devoir et plaisir...

## Un bilan exigeant, mais bienveillant

« On voit les qualités de loin et les défauts de près », constatait Victor Hugo. Ce bilan ne doit pas être exclusivement destiné à pointer ce qui ne va pas, mais à mettre aussi en valeur ce que nous apporte chacune de nos relations. Il ne s'agit pas non plus de passer toutes nos amitiés à travers un tamis tellement fin que plus personne ne trouvera grâce à nos yeux ! Les chercheurs constatent que notre cerveau a naturellement tendance à produire plus de pensées et d'émotions négatives que positives, probable héritage d'un temps préhistorique où l'homme, évoluant dans un milieu hostile, devait rester sur le qui-vive. Aussi, « faire le ménage » ne signifie pas ne plus faire de concessions ; nos proches, nos amis ont des défauts, nous aussi – les relations idylliques n'existent pas. Au moment de faire le point, demandons-nous quelle est notre part de responsabilité dans celles que nous jugeons insatisfaisantes et quels sont les paramètres que nous pourrions modifier. Il est nécessaire encore de savoir faire le tri entre des aspects qui nous agacent légèrement et des traits de comportements rédhibitoires. Un ami distrait qui oublie les rendez-vous, ce n'est pas dramatique, mais un ami radin est plus gênant, si la générosité est un aspect de l'amitié important pour nous... Quant à cette cousine qui se lamente en permanence et nous rappelle les moments difficiles de notre passé, nous apporte-t-elle réellement quelque chose ? Toutes nos relations ne nous apportent pas les mêmes choses : avec l'un, nous nous amusons bien – même s'il n'est pas toujours fiable – avec un autre, nous pouvons compter sur lui, mais pas forcément piquer des fous rires. L'essentiel est de ne plus subir les relations qui nous pèsent pour privilégier celles qui nous nourrissent et nous rendent meilleurs. La comédienne Michèle Laroque remarquait joliment dans une interview que ses amis, la voyant mieux qu'elle n'était en réalité, l'obligeaient à donner toujours le meilleur d'elle-même...

## L'altruisme, bon pour la santé et le moral !

Prendre soin de ceux qui nous entourent procure un maximum d'effets bénéfiques sur notre bien-être psychologique et physique. Cela ne consiste pas à voler au secours de tout le monde, mais à rester attentif à ce que vivent nos proches, à se tenir prêt à les soulager en cas de peine. Parfois, il suffit juste d'un sourire, d'une proposition d'aide, d'un signe quand ils traversent un moment difficile. En leur apportant un peu de réconfort, nous nous gratifions en tant qu'humain. Lorsqu'on interroge des personnes qui viennent d'aider quelqu'un sur l'état dans lequel elles se sentent, les réponses habituelles sont : « Je me sens bien », « Je me sens plus fort et plus dynamique », « J'ai une meilleure estime de moi »... De surcroît, ce mieux-être dure plusieurs heures et, dans l'avenir, il suffit de se souvenir de ce moment pour se sentir à nouveau bien. Les comportements altruistes qui nous mettent directement en contact avec les personnes ayant besoin d'aide génèrent le plus d'effets bénéfiques (par rapport, par exemple, à une simple aide matérielle). Les études faites sur les bénévoles montrent qu'ils sont plus heureux que la moyenne, plus satisfaits de leur qualité de vie et ont une plus grande estime d'eux-mêmes. Ils sont encore moins dépressifs et leur santé est meilleure. Toutefois, ces bénéfices ne s'observent plus dès que l'engagement dépasse cent heures par an, marquant la limite entre un don de soi raisonnable et un oubli de soi excessif...

## Ces liens qui nous guérissent

Les chercheurs analysent de plus en plus les répercussions de nos liens d'affection sur notre santé et les résultats de leurs études vont tous dans le même sens : plus nous sommes entourés, plus nous avons de chances de rester en bonne santé, et quand nous sommes malades, plus nos espoirs de guérison sont grands. En Inde, les hôpitaux ne fournissent pas de repas aux malades, ce qui oblige l'entourage à le faire. Résultat : les malades se sentent soutenus, facteur qui accélère leur rétablissement. Plus près de nous, le docteur David Servan-Schreiber relate que les femmes qui sont accompagnées par leurs amies pour lutter contre un cancer du sein ont un taux de rechute inférieur à celles qui ne le sont pas.

## Un bagage précieux pour l'avenir

Si les relations sociales, amicales, familiales enchantent souvent notre quotidien, et viennent parfois réparer nos blessures du passé, elles sont aussi précieuses pour l'avenir. Plus nous nous sentons aimés, plus nous sommes enclins à nous occuper des autres, plus ces derniers ont envie à leur tour de s'occuper de nous. À l'inverse, plus nous sommes isolés, moins nous sommes réceptifs aux ennuis de l'entourage, et plus nous aggravons notre isolement. Il est donc important de ne pas attendre d'avoir 70 ans pour développer et chouchouter son réseau affectif : c'est une des garanties pour avancer en âge entourés, choyés, heureux...

## À vous de jouer !

### ○ Éclaircissez vos désirs

Il est intéressant de vous poser des questions sur ce que vous attendez des relations. Qu'est-ce qui est important pour vous dans une relation ? Quelles sont aujourd'hui les personnes qui comptent le plus dans votre vie affective ? Que vous apporte chacune d'elles ? Est-ce que vous aimeriez voir des personnes que vous avez négligées ou perdues de vue ? Avez-vous envie de faire de nouvelles rencontres et pour quoi ? Pour faire une activité commune ou simplement parler ? Pour mieux entrer en contact avec les autres, il faut d'abord entrer en contact avec soi.

### ○ Partagez vos valeurs, vos passions

Parfois, la famille et les amis nous fournissent nos groupes d'appartenance, si précieux pour notre équilibre. Mais ce n'est pas toujours le cas. Si cette dimension vous manque, pourquoi ne pas intégrer un groupe de sport où vous partagerez votre passion ? Une association où vous rencontrerez des personnes qui ont les mêmes valeurs profondes que vous ? Cherchez à intégrer des groupes où vous vous sentirez relié aux autres donnera plus de sens à votre vie.

### ○ Cassez la routine de la relation

Nous l'évoquions plus haut, certaines amitiés ronronnent et offrent peu de surprises. C'est le piège des amis de longue date de se contenter parfois de tourner autour des mêmes discussions, du même type de rencontre. À nous de casser la routine en proposant de nouveaux sujets, peut-être des nouvelles activités en commun ? N'hésitez pas à croiser les expériences : emmenez à une exposition votre amie fana de fringues, proposez à vos amis que vous ne voyez toujours qu'autour d'un repas une balade, un spectacle. L'amitié est là pour nous faire découvrir de nouveaux horizons…

### ○ Sortez de vos petites habitudes

L'âge avançant, il est possible que nous nous soyons englués dans des habitudes de vie qui ne laissent plus beaucoup de place à l'improvisation, à la souplesse, pépites précieuses de l'amitié. Nous n'aimons plus être bousculés, ne voulons pas nous coucher trop tard, boire un peu trop… Attention à ne pas préférer une soirée en solitaire pour être sûr de suivre à la lettre votre régime ou renoncer à inviter parce que l'appartement n'est pas propre du sol au plafond. Faire de la place à l'amitié, c'est lui accorder la priorité sur des broutilles…

**○ Partagez vos émotions**

Essayez de parler vraiment de vous, de ne pas vous contenter de rester à la surface, vous allez vite constater que la conversation prendra une autre tonalité. Les liens sont toujours plus forts lorsque nous nous autorisons à montrer nos faiblesses, nos doutes. C'est une belle preuve de confiance : nous montrons ainsi à cet ami que nous savons qu'il ne s'en servira pas contre nous. Partagez aussi vos bonheurs et vos joies, vous souvenant comme l'écrivain Jacques Delval qu'« une joie partagée est une double joie, un chagrin partagé, un demi-chagrin ».

**○ Écoutez vraiment**

L'écoute va au-delà d'une empathie momentanée pour les soucis de notre ami et demande une vraie attention à l'autre – ce qui exclut de penser aux courses à faire ou au menu du soir... –, la seule qui permet d'installer une communication chaleureuse. Cette écoute bienveillante demande tout d'abord d'entendre notre ami sans a priori et sans jugement. Évitez de banaliser le problème en l'assurant que cela ira mieux demain ou, pire encore, qu'il y a plus malheureux que lui dans la vie... Montrez-lui que vous comprenez ce qu'il ressent en reformulant ce qu'il vient de vous dire avec d'autres mots. Ce qu'il faut éviter à tout prix ? Les interprétations psy sauvages ou les leçons de morale. Il s'agit d'essayer de le comprendre plus que de le convaincre, de lui poser des questions pour mieux cerner la situation. Cette attitude lui permettra d'y voir plus clair et de trouver peut-être une solution personnelle, vous aurez alors joué pleinement votre rôle d'ami...

### ○ Soyez sincère

Le comportement d'un de vos amis vous a blessé ? Toutes les relations humaines comportent des remous, traversent des crises que l'on peut surmonter pourvu de ne pas craindre les désaccords et les franches explications. Toutefois, prenez le temps d'analyser vos sentiments avant de lui en faire part avec les bons mots. Préparez la critique, puis décrivez les faits de façon très concrète, en y ajoutant les conséquences sur vous. « L'autre jour, tu as passé la soirée à critiquer sans arrêt X qui est aussi mon ami, cela m'a fait de la peine. » Ensuite, dites clairement quels changements vous espérez : « J'aimerais bien que tu ne dises pas de mal de mes amis, surtout devant les autres. » Adoptez la même attitude si votre ami se trompe, emprunte un chemin périlleux, devient snob ou négligeant. Nous n'attendons pas de nos amis qu'ils nous caressent dans le sens du poil, mais qu'ils aient le courage de nous parler pour nous faire progresser, nous éviter des erreurs. « Le plus grand effort n'est pas de montrer nos défauts à un ami, mais de lui faire voir les siens », notait justement La Rochefoucauld. Cela n'augure en rien de la façon dont votre critique sera reçue, mais vous aurez mis toutes les chances de votre côté d'être entendu. Quelles que soient les précautions prises, il se peut que votre ami se vexe, mais cela vaut toujours la peine de dire ce que l'on a sur le cœur, ce qui est le propre d'une relation amicale et fait qu'elle a des chances de durer. Sinon va s'installer petit à petit de la distance, ou bien, un jour, une goutte d'eau fera déborder le vase et conduira à la rupture.

### ○ Acceptez les critiques

Si vous vous permettez de faire des critiques, il faut apprendre à les entendre quand vous en êtes l'objet. Écoutez d'abord jusqu'au bout ce que l'on a à vous dire, sans couper la parole, ni essayer de vous justifier. Vous n'avez pas bien compris ? Demandez des précisions : « Qu'est-ce que tu veux dire exactement ? », quitte à reformuler pour voir si vous êtes bien sur la même longueur d'onde. Une fois tous ces éléments en main, à vous d'argumenter, soit en acceptant la critique : « C'est vrai, je ne tiens pas toujours mes promesses, je vais essayer d'y veiller, tu as bien fait de me le dire », soit en la réfutant : « Je ne suis pas d'accord avec toi, je ne suis pas désinvolte, c'est la première fois que j'annule notre déjeuner au dernier moment. »

### ○ Prenez soin les uns des autres

Votre ami traverse un passage à vide ? Rassurez-le de votre présence et de votre disponibilité et proposez-lui, pourquoi pas ? de vous appeler de jour comme de nuit en cas de besoin. Souvent, nous ne le faisons pas parce que nous n'y pensons pas, ou estimons que sa famille est plus à même de lui venir en aide, ce qui n'est pas toujours le cas. Toutefois, si vous vous sentez peu disponible dans cette période, expliquez-le à votre ami : on ne peut vraiment aider quelqu'un que lorsque nous ne sommes pas trop préoccupés par nos propres soucis...

### ○ Protégez-vous des relations toxiques

Nous l'avons vu, l'humeur des autres a un effet durable sur la nôtre. Comment sortir joyeux et enthousiaste d'une rencontre où l'autre a passé son temps à se lamenter ? Comment garder une bonne image de soi si chaque visite à notre mère s'accompagne de critiques désagréables à notre sujet ? Il ne s'agit pas de fuir toutes les relations dès qu'il y a un problème, mais de se garder de fréquenter les personnes qui ne nous veulent pas du bien et nous mettent chaque fois mal à l'aise. Et quand nous ne pouvons les éviter, au moins pouvons-nous les limiter...

### ○ Envoyez des cartes à vos amis

Quel plaisir de recevoir une jolie carte, manuscrite, choisie avec soin par un ami ! Lorsque vous en recevrez, ce qui ne manquera pas si vous prenez l'habitude d'en envoyer, gardez-les précieusement. Il est toujours émouvant de relire cette carte postale de Bretagne envoyée par une amie pour vos 40 ans. Vous pouvez aussi les afficher : non seulement, vous penserez à vos amis régulièrement avec tendresse, mais ces marques d'affection seront un précieux soutien dans les moments difficiles. Oui, votre bateau tangue, mais quelque part, il y a des gens qui vous aiment et vous le montrent...

### ○ Faites des petits cadeaux...

... ils entretiennent l'amitié ! Quand vous voyez un objet qui pourrait plaire à un de vos amis, achetez-le. Vous lui offrirez quand vous le verrez, pas forcément pour son anniversaire, la surprise sera encore plus grande et il sera touché que vous ayez pensé à lui spontanément. Certains risquent même d'être gênés et de se sentir coupables de ne pas avoir eu la même attention. Votre ami est vraiment gêné ? Rassurez-le : nous faisons des cadeaux aussi pour notre plaisir, et non pour recevoir l'équivalent. Les échanges entre amis ne sont pas tous de même nature et un cadeau n'est pas forcément un achat : certains pensent à rapporter un souvenir quand ils voyagent, d'autres ont toujours une écoute bienveillante. Si l'un de vos amis s'intéresse à l'opéra, au jazz, pensez à lui envoyer un clip : Internet a multiplié les occasions de s'adresser des clins d'œil d'amitié, profitons-en ! De votre côté, il faut savoir aussi recevoir un cadeau en évitant les « ce n'était vraiment pas la peine », « tu n'aurais pas dû » : n'ayez pas peur de montrer votre plaisir et votre émotion, cette expression est votre cadeau !

### ○ Soignez le contexte de la relation

Vous avez rendez-vous avec un ami ? Soignez votre tenue, c'est une élégance que vous portez à la relation, une façon de lui montrer que vous avez fait un effort pour lui. Se faire beau pour un déjeuner est déjà une façon de se mettre en joie à l'idée de le rencontrer, d'anticiper positivement ce moment à passer ensemble. N'en faites cependant pas une règle incontournable : les amis sont aussi ceux à qui on ose se montrer nature ou pas très en forme. Retrouvez-vous dans un café sympathique plutôt qu'au bistrot du coin bruyant et sans âme : la beauté du lieu participera au bonheur de se voir. Vous recevez vos amis chez vous ? Soignez la table, décorez-la de fleurs, préparez-leur leur plat préféré, servez-leur le vin qu'ils affectionnent... autant de marques d'attention qui enchanteront la soirée.

### ○ Sachez mettre fin à une relation

Toute relation d'amitié n'est pas destinée à durer l'éternité. Les changements de l'un, l'évolution de l'autre peuvent éloigner. Parfois, cette prise de distance est temporaire, parfois définitive, mais ce qui a été vécu est acquis pour toujours, à classer dans nos meilleurs souvenirs.

### ○ Développez votre intelligence relationnelle

On estime souvent à tort que les qualités relationnelles sont innées. Or elles se cultivent et chacun peut développer des attitudes qui favorisent les rencontres, à condition de ne pas se fixer des objectifs trop ambitieux dans un premier temps. Les amitiés viendront de surcroît...

- Multipliez les petites rencontres

Il est important de sortir de la logique du tout ou rien. Bien sûr, ce n'est pas l'échange que vous aurez sur le pas de la porte avec votre voisine qui débouchera forcément sur une amitié de trente ans, mais c'est un bon début. Souvenez-vous, votre ami d'aujourd'hui a longtemps été un inconnu... Ne soyez pas non plus trop exigeant et essayez de vous focaliser sur ce qui vous relie aux autres plutôt que sur ce qui vous divise. Commencez par des petites choses : parler à quelqu'un en allant chercher un café, repérer la personne qui lit au square un livre qui vous a passionné... Ces petits contacts serviront de galop d'essai à des relations plus profondes. N'ayez pas peur de montrer votre intérêt à une personne que vous avez envie d'approcher : tant que vous ne vous montrez pas intrusif, il est rare de susciter un rejet et, si c'est le cas, vous passerez simplement votre chemin.

• Restez ouvert

Vous souhaitez rencontrer du monde ? Soyez attentif aux autres. Prenons l'exemple du café : souvent, si vous y allez seul, vous allez rester plongé dans votre magazine, ou pendu à votre téléphone, pour avoir l'air plus occupé que solitaire, tant le « sans ami » est aujourd'hui victime d'ostracisme. Mais si vous ne regardez pas les autres et gardez vos écouteurs dans les oreilles, vous ne profiterez pas du spectacle de la vie. Comment pourriez-vous alors capter un sourire ou une personne avec qui entrer éventuellement en contact ?

• Restez léger

Prenez chaque rencontre comme une surprise, en restant ouvert et curieux. Quelqu'un vous paraît intéressant ? Amorcez gentiment un sourire, engagez une conversation légère et repliez-vous si vous sentez que vous allez déranger. Il faut oser faire le premier pas, sans s'imposer, se garder d'aller trop vite et vouloir devenir ami avec une vague connaissance. Laissez de l'air pour que la relation puisse naître. On ne peut se faire des amis que lorsque nous sommes capables d'être seuls, en paix avec nous-mêmes, dégageant une harmonie. Le mal-être, tout comme une demande trop forte, est rarement attirant, ce qui est vrai en amour comme en amitié.

• Souriez au monde et le monde vous sourira
Cette phrase de Sœur Emmanuelle est à inscrire dans notre code de conduite relationnelle ! Nous avons vu l'importance du sourire dans l'optimisme et le rire. Mais il est encore plus fondamental si nous voulons entrer en contact avec les autres. Là encore la contagion émotionnelle se répand comme une traînée de poudre : quoi de plus contagieux que le sourire ? Nous le savons pourtant, pour l'avoir maintes fois constaté, mais l'oublions quand nous sommes englouti dans les obligations quotidiennes. Lancez-vous ce défi : souriez à la caissière de la supérette qui fait toujours la tête, souriez en entrant dans l'ascenseur, souriez à votre voisin en vous asseyant dans le train ou dans l'avion, vous allez être étonné du résultat...

• Intéressez-vous aux autres
Intéressez-vous à la vie des gens que vous connaissez. Observez vos collègues, vos amis et n'oubliez pas de souligner ce que vous remarquez de positif

chez eux : une nouvelle tenue, une jolie coiffure, une mine réjouie... Un compliment met en joie pour la journée ! Sachez de votre côté les accepter et apprenez à vous dire que vous les méritez. Essayez de faire preuve d'empathie le plus souvent possible : la secrétaire du médecin est débordée ? Quand arrive votre tour, dites-lui gentiment que la journée a l'air difficile. Toutes ces petites attentions aux autres demandent de la présence à l'instant, de ne pas rester perdu dans ses pensées, ses ruminations sur le passé, ses projections sur l'avenir. En fait, comportez-vous avec les autres comme vous aimeriez qu'ils se comportent avec vous. D'ailleurs, seriez-vous ami avec vous ? Voilà un excellent indicateur pour trouver la juste ligne...

- Soignez la conversation

Certaines attitudes ont le don d'indisposer les autres : c'est le cas de ceux qui fanfaronnent, ont tout vu, tout connu, ou ceux qui passent leur vie à se plaindre ou à râler. Les personnes incapables d'écouter les autres jusqu'au bout, ayant toujours envie d'interrompre la conversation pour revenir à elles, ne sont guère plus appréciées. Si vous voulez nouer des nouvelles relations, autant ne pas les imiter...

- Luttez contre vos pensées sombres

Vous avez du mal à vous faire des amis ? Peut-être cela vient-il de vos croyances plus au moins inconscientes à propos de vous-même, des autres, des relations, et celles-ci influencent alors vos comportements. Si vous pensez que vous n'êtes pas intéressant, que vous n'avez pas de conversation ou encore qu'on ne peut faire confiance à personne, toutes ces pensées vont transparaître dans votre façon de vous adresser aux autres. Ainsi, si vous êtes persuadé que les relations sont toujours intéressées, vous allez avoir un regard soupçonneux, une attitude corporelle en retrait, autant de manifestations qui vont provoquer chez l'autre ce que vous redoutez. Si vous pensez encore qu'on ne rencontre jamais personne dans le train ou au café, vous ne rencontrerez effectivement personne. Peut-être avez-vous été élevé dans un milieu où l'on ne recevait pas d'amis ? Peut-être encore avez-vous du mal à faire confiance, ayant connu des trahisons, des abandons dans votre passé ? L'aide d'un thérapeute peut être nécessaire pour repérer ces blessures et vous permettre de créer enfin des liens étroits.

- Osez demander de l'aide

Il vous manque un œuf pour faire vos crêpes, vous n'avez pas de tournevis pour monter votre étagère ? N'hésitez pas à aller sonner chez le voisin, ce sont autant d'occasions de rencontres que nous négligeons parfois, ne voulant pas déranger, ou ayant peur de nous sentir redevable. Mais la plupart du temps, les gens sont ravis de rendre service, de sentir qu'ils ne vivent pas dans un monde cloisonné et hostile. Ce sera bien sûr à charge de revanche quand votre voisine aura besoin de chaises pour sa soirée. Vous pouvez aussi proposer des activités à des personnes qui ne sont pas encore des amis : souvent, c'est la peur du refus qui vous retient, mais si vous ne demandez rien, vous n'obtiendrez rien. Allez-y progressivement, en proposant dans un premier temps d'aller boire un verre ou d'assister à une conférence, avant de lancer une invitation à dîner.

• Partagez des activités

Être actif rend moins vulnérable sur le plan émotionnel que se rencontrer uniquement pour parler, mais souvent, les langues se délient en douceur autour de la visite d'une exposition, ou lors d'une marche en forêt, tout satisfait d'avoir fait quelque chose ensemble. À éviter cependant, l'activité où les différences de niveaux deviennent source d'exaspération, comme cette partie de tennis où l'un est battu sans arrêt tandis que l'autre s'ennuie...

• Laissez la place aux rencontres surprises

Toutefois, c'est un leurre de s'en tenir aux activités, même si c'est un préalable car on ne rencontre personne en restant chez soi. Certains multiplient les inscriptions aux clubs de photo, de poterie, de couture... ou les stages de vélo pour ne pas rester seuls, mais n'ont pas d'amis pour autant. Les meilleures rencontres se font souvent par surprise, en se mettant juste dans une autre disposition d'esprit, et notamment en souriant aux autres, à la vie...

- Soyez vous-même

N'essayez pas de vous présenter sous un autre jour que le vôtre, au risque d'apparaître incohérent, peu fiable. La sincérité est toujours plus payante dans les relations humaines, et il est de plus inutile d'être aimé pour ce que nous ne sommes pas. Avoir des fragilités, des défauts n'a jamais empêché quiconque d'être intéressant.

# 10
# Et l'amour ?

« Mais qui sans amour existe ? »
Serge Gainsbourg

## La vie en couple

### ○ Un check-up nécessaire

Après de nombreuses années passées ensemble, il est bon de revenir sur les fondements de notre couple et de réfléchir à cette nouvelle saison qui s'ouvre à nous. Que voulons-nous vivre ? Est-ce que la relation d'aujourd'hui nous satisfait ? Avons-nous des projets souriants pour l'avenir ? Pour bien des couples, le quotidien, voire la routine installée au fil du temps, a fait oublier les raisons qui les ont amenés à vivre ensemble. Il faut oser faire ce bilan avec lucidité plutôt que laisser filer le bateau sans savoir dans quelle direction il va, au risque, d'ici dix ans, de se retrouver enfermés dans un duo soudé par le ressentiment, à la façon de Jean Gabin et Simone Signoret dans le film *Le Chat*. Ce qui tue l'amour, c'est souvent d'avoir oublié de prendre soin de cette troisième personne qu'est le couple, sans compter qu'on a pu en plus oublier nos propres désirs en cours de route, d'où cette impression d'ennui pas toujours liée à l'autre. Quand nous ne parlons plus qu'en terme de *nous* en laissant de côté le *je*, il est temps de donner l'alerte, de même quand il n'y a que du *je* et plus de *nous*... D'ailleurs, pourquoi ne pas faire ce bilan à deux ?

### ○ On ne connaît jamais l'autre parfaitement

Ce qui mine le couple qui vit ensemble depuis de nombreuses années ? L'impression partagée de se connaître par cœur. Nous sommes persuadés que l'autre est immuable, qu'il ne changera jamais. Avant même qu'il ait ouvert la bouche, nous nous croyons capables de finir sa phrase ! En sommes-nous si sûrs ? Qui peut se targuer de connaître parfaitement n'importe quel être humain, même après vingt ans de vie commune ? Cette certitude renforce le sentiment d'ennui dans le couple, d'absence de surprise, position qui nous apporte toutefois un avantage plus inconscient : nous dédouaner de toute responsabilité...

### ○ Changer soi pour changer l'autre

Comme pour tous les autres aspects de notre vie, nous sommes acteurs dans la relation, la qualité de notre couple dépend également de nous. Que faites-vous pour garder votre couple vivant ? Pourquoi ne pas initier le changement et observer les répercussions sur l'autre ? Un couple qui dure demande une vigilance particulière et du dialogue. En cas de bilan négatif ou de trop fortes insatisfactions, si les deux partenaires sont d'accord, pourquoi ne pas aller voir un thérapeute de couple et prendre éventuellement un nouveau départ ? Si rien ne bouge, peut-être la relation est-elle arrivée à son terme. Le couple se construit à deux : quand l'un ne joue plus le jeu, la partie ne peut pas continuer. Certains n'ont plus assez de ressort pour rebondir vers une nouvelle étape de vie, ou les changements les ont trop éloignés l'un de l'autre. Cela ne veut pas dire que la relation vécue n'a eu aucun intérêt, mais qu'il est temps de tourner la page, d'avancer vers d'autres horizons.

### ○ Pour durer, il faut le vouloir

À l'heure où les divorces se multiplient avec une rapidité déconcertante, il faut une belle constance pour rester en couple quand la relation tangue. Le secret des couples qui durent ? Leur volonté de... durer justement, leur engagement. Résistons au pessimisme ambiant qui voudrait qu'« avec le temps, va, tout s'en va », comme le chantait mélancoliquement Léo Ferré. Pour bâtir une relation durable, il faut accepter que le pire aille avec le meilleur, à moins que la vie ensemble ne se résume plus qu'à des crises et à des renoncements...

## La vie après une rupture

### ○ Un retour sur l'échec

Le nombre des divorces à 50 ans, et même à 60, explose. De nombreux facteurs expliquent cette constante augmentation : le départ des enfants ou la retraite qui laisse le couple démuni et lui montre parfois qu'il n'a plus grand-chose à se dire, l'envie de vivre encore une passion, de se sentir vibrer, comme si ce n'était possible qu'en changeant de partenaire, un démon de midi taraudant désormais les femmes comme les hommes, le décès des parents qui bouleverse et redistribue les cartes... À ces facteurs s'ajoute l'histoire intime de chaque couple. Toute séparation est un moment difficile, proche du deuil. Elle fait passer par différentes étapes, qui vont du déni à la colère, puis à la tristesse, pour enfin en arriver à l'acceptation. Ce cheminement prend du temps, une année au moins, mais l'épreuve peut nous aider à grandir, si nous nous donnons les moyens d'analyser les causes de la rupture. Le but ? Repérer ce qui nous a fait trébucher pour ne pas renouveler les mêmes erreurs, mais pour cela, il est important d'accepter d'avoir été partie prenante dans l'échec. Cette attitude permet d'en tirer des leçons et d'éviter de tomber dans la victimisation. Voilà l'occasion de vous interroger sur le genre de partenaires que vous avez connus jusque-là, en évitant de vous abriter derrière des généralités sur les hommes – tous des salauds – et les femmes – toutes des garces – qui ne font guère avancer. L'inconvénient majeur de ces idées reçues est de nous conforter dans notre position et de ne rien changer puisqu'il n'y a rien à faire, si le trait est inscrit dans les gènes... Peut-être cette suite de mauvaises expériences est-elle venue valider vos croyances négatives sur l'autre sexe ? N'est-ce pas un message que vous avez entendu toute votre enfance ? À creuser...

### ○ Sortir de la répétition

Quand nous nous engageons toujours dans le même type d'histoire, cette répétition doit nous servir de sonnette d'alarme. Elle signe bien souvent une névrose, laquelle nous pousse dans les bras de partenaires que nous choisissons pour des raisons, souvent inconscientes, liées à notre histoire. La répétition n'a rien à voir avec le partenaire choisi, mais avec notre façon d'aimer, de nous engager. C'est elle qu'il va falloir revisiter avec l'aide d'un thérapeute car se repasser le film ne suffira pas à démonter le mécanisme et nous permettre d'aimer mieux demain.

## La vie en solo

### ○ Mieux se connaître

L'avantage d'une période de solitude est de nous laisser face à nous-mêmes, et ainsi de découvrir des aspects de nous que nous ignorions. Peut-être n'avez-vous pas autant besoin de sécurité que vous le pensiez ? Peut-être que la solitude n'est pas cet épouvantail que vous redoutiez ? Peut-être réaliserez-vous que vous êtes bien plus autonome que vous ne l'imaginiez ? Combien d'hommes et de femmes se sont découvert des talents de cuisinier, de bricoleuse, de couturier, quand ils ont dû assumer des taches qu'ils ne faisaient pas grâce à leur conjoint(e) !

Cette nouvelle autonomie rend plus fort et améliore l'image de soi. Finalement, nous ne sommes pas si démunis dans notre nouvelle vie de célibataires...

### ○ Apprivoiser sa solitude

Solitude et célibat sont des mots qui n'ont pas le vent en poupe aujourd'hui, et beaucoup de personnes seules s'étourdissent dans une foule d'activités pour éviter ce tête-à-tête avec elles-mêmes. Pourtant, ces espaces de silence permettent de se nourrir intérieurement, de se sentir exister, de réfléchir, de créer, de méditer... Plus encore, cette capacité à vivre seul prépare notre faculté à vivre à deux sereinement. Pour former un couple équilibré, il faut être capable de tenir debout sans appui et ne pas avoir peur de la solitude. C'est ce qui nous permet de rester sereins, ouverts à une éventuelle rencontre, sans la rechercher désespérément.

### ○ Les histoires d'amour n'ont pas d'âge...

Nous l'avons vu précédemment, le charme n'a pas de limite d'âge, à moins que nous renoncions à la séduction en nous habillant n'importe comment, marchant épaules voûtées, regard rivé au sol, persuadés qu'avoir 50 ou 60 ans sonne le glas de la séduction et de l'amour. Toute notre attitude alors montre que nous n'espérons plus rien dans ce domaine et éloigne les éventuels partenaires. Nous avons besoin de nous sentir bien dans notre peau pour faire de nouvelles rencontres, pour avoir envie de faire l'amour, d'où l'importance de se faire beau, belle, pour garder cette vitalité et rester un être sexué jusqu'à la fin de sa vie. Il est vrai que le contexte actuel ne favorise guère cette confiance en soi : où sont les personnes séduisantes de 50 ou 60 ans dans les magazines ? Il ne s'agit pas d'essayer de séduire avec des atouts qui ne sont plus de notre âge, car nous avons suffisamment de qualités pour rencontrer quelqu'un : une expérience de la vie, de l'humour, une curiosité... sauf si nous sommes sûrs que les hommes ne regardent que les femmes de 30 ans. Ils ne se retournent plus sur vous quand vous entrez dans un bar ? Certes, mais est-ce qu'ils se retournaient sur vous quand vous aviez 20 ans ? Nous vivons souvent sur des mythes et comme nous sommes fragilisés, nous attendons des signes de l'extérieur, plus difficiles à trouver, alors que dès que vous vous mettez à parler et à rire, vous changez la donne. Les histoires d'amour n'ont pas d'âge. Vous en doutez ? Voici celle d'une dame de 85 ans qui courait dans les couloirs de sa maison de retraite, la canne à la main, pour frapper son amoureux volage de 87 ans, assurant qu'elle n'avait jamais été aussi amoureuse de sa vie !

### ○ Choisir la vie qui vous va

Faut-il à tout prix vivre en couple ? Il est important de se poser sincèrement la question en résistant aux sirènes qui voudraient que la norme soit la vie à deux. Aujourd'hui, nous avons la chance de pouvoir choisir la vie qui nous convient : avoir des relations amoureuses sans vivre sous le même toit – de plus en plus de couples mûrs optent pour cette solution qui garantit l'indépendance de chacun – ou alors partager un espace à mi-temps. L'erreur est parfois de vouloir vivre son couple comme à 20 ans, selon les mêmes codes de la passion, mais la maturité devrait nous donner la sagesse d'évoluer et de nous adapter. Peut-être encore certains préféreront rester seuls et assumer leur solitude, unique façon de pouvoir savourer leur liberté...

# À vous de jouer !

## ○ Faites le point sur votre couple

Quand vous pensez à votre vie de couple, quels sont les aspects plaisants qui vous viennent immédiatement à l'esprit ? Un refuge sécurisant qui vous permet d'aller de l'avant ? un homme avec qui, malgré toutes vos disputes, vous riez beaucoup ? une femme qui aime les mêmes activités que vous ? Listez ensuite les plaisirs que vous prenez ensemble. L'intérêt de ce bilan permet d'évaluer la santé de la relation. En fonction des résultats, que vous semble-t-il opportun de faire ? Changer certains de vos comportements ? Avoir une discussion avec votre conjoint ? Un éloignement de quelques jours permet parfois d'avoir le recul nécessaire pour se poser les bonnes questions et prendre les bonnes décisions.

## ○ Observez votre partenaire d'un œil neuf

Si vous décidiez un peu artificiellement que vous ne connaissez pas celui avec lequel vous vivez ? En l'observant d'un œil neuf, vous allez sûrement découvrir des zones inconnues, et lui laisser la possibilité d'être différent. Souvent, le couple se borne à égrainer les corvées, sans même se jeter un vrai regard. Si vous essayiez de vous centrer sur ses qualités ? Essayez de vous focaliser sur les bons aspects avant de vous précipiter sur les travers. Un exemple ?

Changez votre remarque : « Tu as pensé au pressing ? Non, comme d'habitude... » par un : « Tu as pensé aux huîtres pour le dîner ? C'est sympa... » À répéter plusieurs fois dans la semaine, pour un effet salutaire garanti.

### ○ Faites le bilan de vos rêves

Pour rafraîchir son regard sur l'autre, rien de tel que de faire son bilan de rêves, le plus sincèrement possible. « Quel est ton rêve le plus important ? » Comment penses-tu qu'on pourrait le réaliser ? « Ensuite, je te dirai le mien... » Et parmi ceux que vous caressiez quand vous vous êtes mis ensemble, certains ne peuvent-ils pas ressurgir ? Acheter une petite barque, retaper une grange en montagne, vous initier au tango ou à la salsa ensemble... Non pour mesurer tout ce que vous avez abandonné en cours de route – très déprimant – mais pour remettre certains rêves à l'ordre du jour !

### ○ Renouez avec les petits plaisirs quotidiens

Ah, le fameux week-end en amoureux tant vanté par les thérapeutes de couple pour casser la routine ! Mais faut-il compter uniquement sur des situations d'exception pour embellir le quotidien ? Nous confondons souvent la routine mécanique avec le rituel, chargé symboliquement pour les deux partenaires. La vie à deux se nourrit de petits rituels au jour le jour : le café pris le matin au lit, la lecture des journaux à la terrasse d'un café après le marché du dimanche matin, l'apéro en rentrant du travail... Pour se réserver des petites surprises, nul besoin de revenir avec deux billets pour Prague, mais plus quotidiennement de porter attention à l'autre en lui découpant un article sur un sujet qu'il aime ou en lui préparant son plat préféré. Ces mille petits gestes soudent plus un couple qu'un voyage aux Caraïbes une fois par an, même si cela ne nous empêche pas d'y ajouter cette escapade lointaine...

### ○ Parlez et écoutez vraiment

Les thérapeutes sont unanimes encore sur ce point : il faut se parler. Parler, oui, mais de quoi ? De l'ordinateur en panne ? des enfants qui viennent déjeuner dimanche ? de la situation internationale ? Pas seulement : parler de soi, de ses envies, de ses besoins. Voilà ce que j'attends de notre amour, de notre couple. Et toi ? Auquel nous ajoutons qu'il faut aussi s'écouter, en évitant de se mettre à la place de l'autre pour entendre vraiment ce qu'il a à nous dire, quitte à reformuler son message pour nous assurer de l'avoir bien compris. Il reste que pour se parler il faut être deux : certaines personnes, les hommes le plus souvent, ont plus de difficultés pour parler de leurs émotions. Ne vous découragez pas pour autant, dites alors ce que vous vous ressentez et observez ce qui se passe ensuite pour voir si vos préoccupations ont été prises en compte.

### ○ Soyez généreux

Vouloir le bonheur de l'autre, avec au moins autant d'intensité que le sien, voilà une formidable force dans un couple. La générosité est au cœur de l'amour, nous l'oublions parfois, tout à nos griefs et revendications. Cela ne signifie pas accepter tous les défauts de notre partenaire, mais faire preuve d'indulgence envers ses difficultés ou ses faiblesses, l'encourager dans ses réussites. Une étude montre qu'un couple heureux est un couple où chacun se réjouit de ce qui arrive de positif à l'autre, et surtout, qui le lui dit ! Encore une fois, il s'agit de lutter contre notre tendance naturelle à nous centrer sur le négatif, une vraie « rééducation ».

### ○ Gardez des espaces à vous

Avoir ses propres activités, ses amis, est essentiel pour ressourcer le couple. Nous apportons ainsi de l'air frais, des sujets d'échanges, à condition de ne pas garder tout ce qui est excitant à l'extérieur – faire du sport, aller au théâtre – et ne conserver que les corvées pour le couple – les virées au supermarché, le ménage... Un subtil équilibre à trouver.

### ○ Acceptez les changements

Avez-vous remarqué ? La formule « comme tu as changé ! » est rarement un compliment dans le couple et sonne toujours comme une trahison : « tu n'es plus celui ou celle que j'ai rencontré ». Pourtant, il est normal d'évoluer, de ne plus avoir les mêmes désirs, les mêmes besoins qu'il y a vingt ou trente ans. Pourquoi ne pas prendre ces changements comme une formidable occasion de casser la routine ? Voilà une belle façon de rebondir ensemble !

# 11
# Plus vraie la vie après cinquante ans

> « Il y a quelqu'un là-dedans ?
> – Oui, je suis là. Vivant, Présent, Conscient. »
>
> Jon Kabat-Zinn

## Éloge du farniente

L'inactivité n'a pas bonne presse aujourd'hui, comme s'il fallait sans arrêt faire quelque chose pour se sentir exister, ne pas ressentir de vide. Le problème de cette suractivité ? Bien souvent, elle constitue une vraie fuite en avant, dans laquelle nous finissons par nous perdre de vue. « Quand les choses se passent trop vite, personne ne peut être sûr de rien, même pas de soi-même », écrit l'écrivain Milan Kundera. Parvenu à l'âge de la maturité, la peur d'être « largué » nous pousse parfois à emboîter le pas au rythme effréné de la vie, alors même que nous ne le désirons pas vraiment. S'offrir un peu de temps reviendrait, pensons-nous, à tourner le dos au progrès qui nous permet sans cesse d'accélérer... Pourtant, un certain vide est nécessaire à quiconque veut laisser émerger ses vrais désirs. C'est dans l'inactivité que nous pouvons nous laisser aller à la rêverie, être plus présents à nous-mêmes, à nos besoins, à nos désirs, et tenter de mieux nous connaître. Le ralentissement, la paresse nous permettent encore de rester attentifs aux « plaisirs minuscules » de la vie, si bien décrits par Philippe Delerm, de goûter le moment présent. Multiplier ces moments de plus grande présence au quotidien permet de vivre plus intensément. Oui, oui, direz-vous, mais où trouver le temps ?

## Pas facile de freiner la cadence...

Les sondages se succèdent et montrent que le temps est désormais ce qui nous manque le plus. Alors que nous passons trois fois moins de temps à travailler qu'au début du siècle dernier, nous courons d'une activité à l'autre toute la journée, et même à l'âge de la retraite, pour la plupart d'entre nous, l'agenda ne désemplit pas. À nos emplois du temps surchargés s'ajoute l'envahissement des médias : la nouvelle génération de téléphone portable nous permet de rester connectés 24 heures sur 24, Internet déverse sur nous son flot continu d'informations, la télévision propose un tel nombre de chaînes qu'il y a forcément un programme qui nous intéresse... Nous voulons voir un film, écouter un morceau de musique ? Toute cette manne est à disposition immédiate, à portée de clic et les nouvelles technologies ont rendu toute attente insupportable. S'il ne s'agit pas de se désoler de l'existence de ces outils, qui nous rendent bien service, force est de constater à quel point ils dévorent nos journées, nous incitant à passer d'une activité à l'autre sans aucun temps mort, au détriment de nos espaces de rêve. Il n'y a pas si longtemps, quand les portables étaient plus rares, lorsque nous attendions quelqu'un à la terrasse d'un café, nous avions tout le loisir de regarder les gens, d'observer les nuages, les clients. Désormais, nous passons nos coups de fil pour rentabiliser ce temps vacant. Mais où allons-nous si vite ? Le temps est devenu rare, donc précieux : l'accorder à quelqu'un, c'est lui reconnaître de la valeur. Pourquoi alors ne pas commencer à nous l'accorder à nous-même ? Les diktats de l'époque, dont cette cadence inhumaine, agissent au détriment de la part fragile de chacun d'entre nous, cette part de tendresse, d'humanité que nous portons en nous et qui se trouve si malmenée aujourd'hui...

## Éloge de l'essentiel

« Toujours plus » semble être le credo de notre époque, sans pour autant nous apporter la félicité promise par les marchands de tout poil. Savez-vous que nous possédons en moyenne aujourd'hui environ dix mille objets, tandis que nos ancêtres, au XIXe siècle, se contentaient de trois cents ? Nous rendent-ils plus heureux ? Objet acheté, si souvent vite oublié...

D'ailleurs, la consommation d'antidépresseurs et le succès des livres sur la recherche du bonheur en disent long sur notre échec de consolation dans la consommation, mais aussi sur le déficit de sens dans notre société. Et si nous arrivions à un moment de notre vie où nous avons fait le tour de l'avoir pour désormais nous consacrer à l'être ? Nous avons moins besoin de consommer pour affirmer notre identité. Si ce mode de vie ne nous donne pas satisfaction, nous pouvons essayer de lui opposer un droit de veto, ce qui était plus difficile quand nous étions dans la construction de notre carrière. N'est-ce pas le privilège de l'âge d'avoir du recul ? Au lieu de nous considérer comme des *has been*, prenons le risque d'imposer d'autres références, au moins à nous-même.

## Donner du sens à sa vie

Nous avons développé une dimension de cette recherche de sens dans le chapitre 1 « Faites des projets pour l'avenir », mais donner du sens à notre vie, c'est aussi avoir le sentiment d'apporter notre pierre à l'édifice du monde. C'est une manière de rester connecté à nos valeurs profondes, de garder notre identité tout en nous sentant relié aux autres. Prendre le temps de développer notre vie intérieure, une dimension plus spirituelle, contribue à faire émerger ce sens. Nul besoin d'être dans l'action pour cela, au contraire. Ajoutons encore que donner un sens à notre vie contribue à améliorer notre santé à tout âge. Ainsi, une récente enquête a montré que les gens qui savent donner un sens à leur vie sont moins touchés par la maladie d'Alzheimer. Lors de l'étude, les personnes ayant déclaré avoir une existence pleine de sens, en phase avec leurs désirs profonds, étaient 2,4 fois moins susceptibles de développer cette affection que les autres.

## Nos valeurs revisitées

Nous avons déjà dit tout le bien que nous pensions d'une certaine lenteur, mais d'autres valeurs sont aussi à revisiter, comme la performance, l'efficacité, l'individualisme à tous crins, qui invite au repli sur soi et à la défense de ses seuls intérêts. L'Occident a surinvesti la notion du chacun pour soi, au mépris de la solidarité. La générosité ne fait recette que si elle est médiatisée... et lointaine ! Nous donnons aux victimes du tsunami, sans un regard pour le SDF qui dort en bas de chez nous... Si l'individualisme est nécessaire pour se construire et s'affirmer, mal compris, il pousse sans cesse à la comparaison, à la compétition et nous dresse les uns contre les autres. Est-ce vraiment ainsi que nous avons envie de vivre ? Maximilienne Levet évoque ce qu'elle appelle les « valeurs tierces », qui sont une autre façon de concevoir la vie : la gratuité plutôt que la rentabilité, la simplicité plutôt que l'excès, la disponibilité plutôt que la course contre la montre, le plaisir de la rencontre avec la nature plutôt que le pouvoir sur celle-ci... Nous avons vu dans le bilan de vie que nous avions tout intérêt à définir nos vraies valeurs pour savoir dans quelle direction nous souhaitions désormais nous diriger : un travail critique sur celles qui nous ont animés jusqu'à présent fait partie de notre bilan... Il ne s'agit pas de ne plus avoir d'ambition et de nous retirer dans une cabane en pleine nature, mais d'introduire une relativité dans les valeurs que la société nous présente comme indiscutables. Nous assistons aujourd'hui à une inversion du sacré et du profane : ce qui est devenu sacré est l'argent, le paraître, la loi du plus fort, au détriment de la liberté, la générosité, l'égalité. Chacun de nous sent bien qu'il y a quelque chose qui ne tourne pas rond, sans toujours bien savoir comment s'y prendre pour lutter. Ne pas faire taire cette petite voix intérieure qui nous suggère de vivre plus en accord avec nous-même et nos vraies valeurs est déjà un premier pas...

## La dimension spirituelle de la vie

Face au monde économique impitoyable où seul l'argent fait la loi, de plus en plus de personnes éprouvent le besoin de donner un autre sens à leur vie et se tournent vers les valeurs spirituelles, la pratique de la méditation. Mais la spiritualité est un peu comme le stress : tout le monde en parle sans savoir exactement de quoi il s'agit, d'autant qu'elle a longtemps été associée exclusivement à la religion, ce qui n'est plus le cas aujourd'hui. Comme le souligne très justement le philosophe André Comte-Sponville, « toute religion relève, au moins pour une part, de la spiritualité, mais toute spiritualité n'est pas religieuse ». En quoi consiste alors cette spiritualité laïque ? Dans le sentiment d'être par moments relié à l'univers et, plus largement, au genre humain. Dans ces instants de ma vie où je rejoins un état de spiritualité, je me sens proche de mes valeurs profondes, avec la sensation de faire partie d'un tout qui m'enveloppe, me contient et me dépasse. Loin de me donner l'impression d'être perdu, j'ai la conviction profonde d'avoir ma place dans le monde. Il n'est donc pas nécessaire de se rallier à un courant religieux, de quelque obédience qu'il soit, pour avoir une pratique spirituelle. Nous pouvons simplement adhérer à une philosophie de vie centrée sur l'humain. Toujours selon André Comte-Sponville, « la spiritualité est la part de notre vie intérieure qui est en rapport avec l'absolu, l'infini de l'éternité ». Pourquoi développer cet aspect à ce moment de notre vie ? La démarche spirituelle est le moyen d'accès privilégié à une recherche de sens dans notre vie. Parvenus à la maturité, nous voilà mieux armés pour développer une certaine sagesse. Il n'y a pas de voie unique pour atteindre cet objectif : la créativité, une pratique artistique, une plus grande présence à l'instant, la méditation sont des pistes à explorer en fonction de nos envies, de nos intérêts.

## Des pépites pour le futur

Faire l'apprentissage de la vie intérieure, s'entraîner à accepter la réalité de l'instant, être présent à soi et aux autres sont autant de pépites qui nous serviront plus tard quand nous aurons effectivement atteint les rives du grand âge. Les personnes qui vieillissent bien ont souvent une vie intérieure riche et cette merveilleuse capacité à mobiliser leurs bons souvenirs pour supporter parfois une réalité moins palpitante. D'où l'importance de développer cette dimension plus intériorisée de notre vie, d'enregistrer aussi les trésors ici et maintenant, de faire des arrêts sur image sur les bons moments, comme nous l'avons évoqué au chapitre 4 « Cultivez votre optimisme ». De façon plus générale, apprendre à porter un autre regard sur la vie, ne pas chercher à se prouver sans arrêt notre performance nous rendra plus aptes à ralentir, quand, effectivement, nous devrons faire les choses moins vite !

## La créativité, la poésie de la vie

Bien souvent, dans les moments où nous sommes créatifs, le temps n'existe plus, nous nous sentons portés par une force supérieure, en lien avec l'univers. Toute activité mettant en jeu notre créativité peut relever de la spiritualité, pour peu qu'on la fasse avec engagement. Elle joue un rôle important dans la deuxième partie de notre vie, en sublimant probablement les pertes liées à l'avancée en âge. Les rides paraissent bien mineures quand on a l'œil pétillant, la voix enjouée et le talent de l'actrice Danielle Darrieux sur scène, à plus de 90 ans... Nous connaissons tous des artistes, des musiciens, des intellectuels sur lesquels le temps n'a pas de prise et qui continuent une vie passionnante jusqu'à leurs derniers jours. Oui, mais nous ne sommes pas Arthur Rubinstein ni Robert Doisneau ? Nul besoin d'être un artiste confirmé pour laisser libre cours à sa créativité. Le jardinage, la cuisine, la décoration, qui sollicitent notre amour du beau, du bon, ont les mêmes fonctions. Que ce soit devant un chevalet ou derrière un fourneau, ces activités nous poussent à puiser l'inspiration à l'intérieur de nous, à nous appuyer sur nos ressources, à être pleinement dans ce que nous faisons. Nul besoin non plus de posséder une immense culture ou de pratiquer le piano pour embellir sa vie, enchanter son quotidien : on peut mettre une belle nappe sur la table, composer un bouquet de fleurs ou bien repeindre les meubles du jardin de couleur gaie, juste pour le plaisir, toutes ses activités relèvent de la même logique. Jeanne, 80 ans, résume joliment cette démarche : « Il faut poétiser sa vie, c'est très important. La poésie, c'est comme l'amour, ça ne se définit pas. La poésie, c'est la recherche du beau à travers tout. »

## Les atouts de l'art dans une démarche spirituelle

L'art réclame cette fameuse attention à l'instant devenue si rare. Il nous aide à nous élever au-dessus des strictes contingences matérielles, à développer la contemplation, à rester en lien avec nos émotions profondes. Admirer un tableau, écouter un morceau de musique déclenche une palette de sentiments souvent inconnus de nous : pourquoi ce paysage de Monet m'émeut-il à ce point ? Pourquoi suis-je au bord des larmes en écoutant la Callas chanter l'air « Casta Diva » ? Ces moments précieux nous donnent des raisons d'aimer la vie, de sortir de notre train-train quotidien. Lorsque nous écoutons un chant cistercien, un air de jazz, une chanson, lorsque nous admirons un édifice unique, comme un temple, une abbaye, un paysage magnifique, nous rejoignons une dimension supérieure. Sans pour autant être croyants, le beau, le sacré, nous font entrer dans le champ de la spiritualité.

## Être présent à l'instant

La présence à l'instant est encore une autre façon de nous approcher d'une démarche spirituelle. Malheureusement, comme nous l'avons vu plus haut, nos habitudes de vie ne nous y poussent guère. Comme tout être humain, quand nous nous mettons à penser, nous sommes plus enclins à ruminer sur le passé, à nous projeter dans le futur, qu'à profiter de ce que nous sommes en train de vivre. La pratique de la présence à l'instant nous aide à retrouver cette capacité à faire attention aux événements qui se déroulent, ici et maintenant, aux personnes qui sont avec nous, aux objets que nous avons sous les yeux. L'avantage de cette attitude ? Elle développe notre ouverture, notre sensibilité, notre présence à nous-même, ingrédients nécessaires au développement de la vie intérieure. « Personne n'est misérable en demeurant dans le seul moment présent », écrivait déjà Sénèque au Ier siècle après J.-C. Nous verrons plus loin comment travailler cette disposition, car il s'agit d'une véritable rééducation.

Avant de se lancer dans la méditation, peut-être est-ce plus facile de commencer par cultiver cette présence à l'instant. En effet, la pratique méditative peut s'accompagner au début d'un sentiment d'inconfort, tant nous sommes peu habitués à nous poser. De plus, nous n'en ressentons pas tout de suite les effets, et comme nous sommes habitués aux résultats immédiats, nous pouvons être gagnés par une certaine impatience et tout arrêter en pensant que ce n'est pas pour nous. Aussi, la présence à l'instant peut constituer un premier pas puisqu'il ne s'agit pas d'arrêter de faire quelque chose, mais de le faire autrement. Une fois notre capacité d'attention retrouvée, nous pourrons alors, si nous le désirons, nous tourner vers la méditation. Diverses formes de méditation existent, nous vous proposons ici celle initiée par Jon Kabat-Zinn, médecin, à l'origine de la « méditation de pleine conscience », détachée de toute connotation religieuse[1].

1. Voir J. Kabat-Zinn, *Où tu vas, tu es*, Jean-Claude Lattès, 1996.

## L'art de la méditation

### ○ Une nouvelle approche

Vieille de quatre mille ans, la méditation connaît un engouement grandissant en Occident. Son principe ? Apaiser le mental, en contrôlant le flux incessant de nos pensées, dans le but de gagner une plus grande sérénité et lucidité. L'image est belle, elle est encore de Jon Kabat-Zinn : « Méditer, c'est ouvrir la main pour relâcher quelque chose que nous tenions bien fort. » Trop souvent assimilée à une démarche mystique, réservée à un petit cercle d'initiés, voire d'illuminés, la méditation est avant tout une pratique qu'il est nécessaire aujourd'hui de « démystifier » selon le mot du moine Matthieu Ricard, grand méditant lui-même. La méditation n'a pas pour objectif obligatoire d'amener à un état d'éveil exceptionnel, à une conscience supérieure, elle nous aide à retrouver un état normal de conscience dont nous éloignent nos vies agitées. C'est ce à quoi s'est attaché Jon Kabat-Zinn il y a une vingtaine d'années, en créant son approche de la méditation, dans un premier temps pour soulager les malades et, de façon plus générale, pour lutter contre le stress.

### ○ Ne pas fuir les problèmes, cohabiter avec eux

Encore faut-il ne pas se tromper sur ce que la méditation est réellement, comme le précise ce médecin :

« Le problème est que les gens confondent bien souvent méditation et relaxation. La méditation, ce n'est pas sentir quelque chose de spécial. C'est simplement sentir comment on est. Il ne s'agit pas non plus de se vider la tête ni de faire le calme en nous, bien que la pratique quotidienne de la méditation aide à cultiver ce calme et ce vide. Avant tout, il s'agit d'accepter l'esprit comme il est, à ce moment-là, et de savoir comment il fonctionne. Il ne s'agit pas d'aller quelque part, mais de se permettre d'être où l'on est. » La méditation ne consiste pas non plus à évacuer les vagues, grandes ou petites, de notre esprit, mais à les voir avec lucidité et apprendre à surfer, en faisant attention au présent, moment après moment, en regardant nos pensées passer comme des nuages. En aucun cas donc, elle n'est une fuite de la réalité, des problèmes, ni un état de passivité.

### ○ Des techniques variées, des bénéfices identiques

Jon Kabat-Zinn propose différentes façons de méditer pour que chacun trouve celle avec laquelle il se sent le plus en accord : assis, debout, couché, en marchant... Quelle que soit la technique que vous privilégierez, les principes de base restent les mêmes : une posture ou un mouvement du corps justes, une respiration profonde, ample, régulière, être ici et maintenant, dans un état mental serein. Une pratique régulière conduit à une réduction du stress, de l'anxiété, de la tension artérielle, de la dépression, à une meilleure gestion des émotions négatives, comme la peur, la tristesse. Quelques jours avant sa disparition, l'acteur Bernard Giraudeau confiait combien cette méditation avait apaisé ses souffrances dues au cancer et l'avait aidé à accepter de mourir.

### ○ Rendre sa vie plus intense

Toutefois, la méditation n'est pas seulement une alliée de la médecine, elle permet aussi de rendre notre vie plus riche, plus dense. Pour Alain Gamichon, psychologue, il s'agit de « se donner les moyens de faire de la place pour laisser advenir l'inconnu de soi, cette dimension de l'être que nous ne soupçonnons peut-être même pas ». Cette rencontre avec soi aide à affronter les changements actuels et ceux à venir avec plus de sérénité, sans pour autant fuir la réalité dans une retraite anticipée du monde, ni s'agripper aux valeurs de la jeunesse, encore moins s'engloutir dans la rancœur.

## À vous de jouer !

### ○ Acceptez de ne rien faire

L'art de ne rien faire n'est a priori pas si compliqué : il suffit de s'asseoir sur le canapé, s'allonger sur le lit, sans télécommande à portée de main, sans livre, le téléphone éteint et laisser vagabonder ses pensées. Nous pouvons aussi nous plonger dans un bain moussant, la radio éteinte, sans musique de fond, ou nous installer dans un transat sous un arbre, à chacun de choisir la meilleure façon de laisser couler le temps. C'est dans ce moment d'« entre-deux » que nous sommes le plus à même de lâcher prise, de laisser émerger nos rêves. « Le rêve est la vraie victoire sur le temps », note fort à propos l'écrivain Jean-Claude Carrière. Cette parenthèse calme va aussi nous redonner de l'énergie pour réaliser nos objectifs. Pour ceux qui n'ont pas l'habitude de lâcher prise, ces pauses peuvent ne pas aller de soi : à l'inverse du plaisir recherché, elles peuvent engendrer un mal-être. Dans ce cas, commencez par des temps courts, de quelques minutes, que vous allongerez progressivement. Votre malaise persiste ? Il faudra alors écouter cet état pour essayer d'en trouver l'origine, plutôt que le chasser en se relevant vite pour se lancer dans une activité. Une blessure du passé mal cicatrisée peut nous pousser à la suractivité pour tenter de ne pas y penser.

### ○ Allégez votre vie

Nous avons vu que nous sommes dans une période de transition, soumis à de fortes secousses, avec le risque d'être tenté de nous consoler en consommant. Sans renoncer pour autant à tous les plaisirs, ni vivre en ascète, nous pouvons limiter nos impulsions en s'interrogeant : ai-je vraiment besoin de ce dernier modèle de téléphone ? Celui que j'ai ne remplit-il pas toutes les fonctions dont j'ai besoin ? Prendre juste ce petit temps de réflexion nous réapprend à nous donner des limites, à revenir à l'essentiel, nous permettant de devenir plus autonome, et donc plus libre de trouver du sens à l'existence. Bien mieux que la consommation, un grand nombre de plaisirs nous consolent de nos chagrins passagers : prendre le soleil, pique-niquer avec des amis, observer les étoiles... Nous n'y pensons pas toujours car la publicité ne les vante pas puisqu'ils sont gratuits. Alléger sa vie ne vise pas seulement à éliminer des objets et des activités, mais à redonner du sens à ceux et à celles que nous désirons conserver. Une démarche spirituelle, en fin de compte.

### ○ Développez une activité créatrice

Pour débusquer l'activité qui nous plairait vraiment, un petit tour dans le passé s'avère parfois instructif. Notre vie est jalonnée de petits renoncements qui, mis bout à bout, finissent par nous éloigner de nos véritables aspirations. Au fil des années, nous avons laissé tomber la guitare, la cuisine, la rénovation de petits meubles, l'écriture d'un roman : pas le temps, pas assez doué... Nous entendons encore la voix de notre frère aîné ricanant devant notre prestation de danseuse dodue en tutu rose ! Nous nous sommes trouvé alors une foule de justifications pour abandonner ce qui nous apportait de la joie. Il n'est pas trop tard pour reprendre ces activités. Pour renouer avec vos passions d'enfant et d'adolescent, demandez-vous ce qui vous plaisait à l'époque, ce que vous rêviez de faire ou d'être. Peut-être vous rendrez-vous compte, d'ailleurs, que ces activités ne vous attirent plus, et vous vous demanderez alors ce qui, aujourd'hui, vous ferait vraiment vibrer : consacrer plus de temps à votre jardin et créer une roseraie ? Faire de la photographie ? Vous mettre à sculpter, car vous aimez le contact avec la terre ? Prendre des cours de chant ou vous inscrire dans une chorale, vos amis vantant votre belle voix ? Le principe est de choisir une activité qui ne soit pas un devoir de plus dans la liste, mais une récréation vous apportant une bouffée d'oxygène, de la sérénité. Ainsi, une femme, traductrice de métier, s'est inscrite dans un atelier de céramique où elle fabrique bols, assiettes, plats... Elle a eu la bonne idée de les personnaliser en y inscrivant le nom d'une maison de vacances, une citation poétique... Non seulement elle prend un plaisir fou à cette activité, mais elle comble ses amis qui pensent à elle chaque fois qu'ils utilisent un objet qu'elle leur a offert. Autre exemple, cet homme qui faisait du théâtre lorsqu'il était étudiant et avait laissé tomber cette activité quand il était devenu expert-comptable. À 55 ans, il vient de monter une troupe avec d'anciens copains. Son credo ? « Je n'ai plus le temps de rêver ma vie. Désormais, je préfère vivre mes rêves. »

### ○ Exercez-vous à la pleine conscience

La pleine conscience de l'instant présent va nous permettre de développer toute notre dimension sensuelle : goûter, toucher, humer, contempler...

• Regarder

Choisissez un objet, ou une photographie, un tableau, et observez-le attentivement : d'abord dans son ensemble, puis sa couleur, sa forme et les différents éléments qui le composent. Portez votre attention sur les nuances, les détails les plus infimes. Si votre esprit s'évade, regardez vos pensées traverser le ciel comme un nuage et revenez à votre observation.

• Écouter

Écoutez vraiment un morceau de musique, le ressac, le grondement du torrent, bref un son que vous aimez. Percevez-le dans chaque détail : le rythme, la tonalité, les variations... Installez-vous dans le mouvement induit par l'écoute. Ces sons agréables ont le pouvoir de nous connecter à notre inconscient et à notre imaginaire. Laissez venir les associations d'idées, les souvenirs, sans vous focaliser dessus, comme s'ils glissaient sur l'eau...

• Toucher

Prenez dans votre main un objet que vous avez envie de toucher et explorez-le lentement, d'abord yeux ouverts, puis fermés. Quelle est sa forme, son volume, son poids, sa texture ? Utilisez toutes les parties de votre main : la paume, les doigts, le bout des doigts... Effleurez, serrez, massez. Quelles sont les sensations que vous procure cette exploration ? Gageons que cette lampe, ce bibelot posé sur une étagère depuis des années n'auront plus le même statut après un tel exercice...

• Humer

Choisissez à présent un objet dont vous aimez l'odeur – une fleur, une huile essentielle, un savon, un fruit, une épice – et portez-le à vos narines, sans trop le coller sous votre nez. Inspirez longuement et appréciez toutes ses nuances au fur à mesure de l'exercice.

• Goûter

Portez à la bouche un aliment que vous aimez, un morceau de fruit, un carré de chocolat, et gardez-le un moment en étant très attentif à la forme, la saveur, la texture contre votre palais.

Pour commencer, choisissez chaque jour une activité de votre vie quotidienne à pratiquer en pleine conscience, en utilisant vos cinq sens, au moins pendant quelques minutes : prendre une douche, manger, faire la cuisine, conduire... Si vous prenez l'habitude de vous exercer plusieurs fois par jour, vous aurez une relation différente à vos pensées, à vos sensations corporelles. Petit à petit, cette prise de recul vous permettra d'être plus présent à vous-même et aux autres. Vous cultiverez ainsi une attitude douce envers les expériences de la vie, qui accueille et accepte ce qui est, bonheur comme difficulté. Vous voilà prêt à méditer...

### ○ L'art de la méditation

La méditation nécessite de vous installer dans un endroit calme, où vous ne serez pas dérangé. Prenez votre temps, n'essayez pas d'aller trop vite, commencez par pratiquer quelques minutes, quitte à renouveler ce moment plusieurs fois par jour. Avant de pratiquer, vous pouvez lire un petit texte qui vous apaise : un poème, une citation philosophique, en laissant pénétrer en vous chaque mot.

• La position digne

Assis confortablement sur une chaise, le dos et la tête bien droits, sans être raides, épaules relâchées, menton légèrement rentré, vos mains posées sur les cuisses ou les genoux, paumes vers le ciel, les pieds parallèles, bien à plat au sol, écartés de la largeur des hanches. Si vous vous sentez plus à l'aise autrement, asseyez-vous en tailleur, sur un coussin. Jon Kabat-Zinn a une astuce pour aider à trouver la bonne position : il demande aux personnes de son groupe de méditation de s'asseoir « d'une manière qui incarne la dignité ». Aussitôt, toutes se redressent en ajustant leur posture : la colonne s'élève vers le ciel, sans que le corps se crispe pour autant. L'évocation des caractéristiques de la montagne – majesté, immobilité, verticalité – aide aussi à intégrer la bonne posture. Asseyez-vous ainsi un court moment, et observez : déjà, vous vous sentez plus serein, plus solide.

• La durée et la fréquence

Même si elle est plus efficace tous les jours, la méditation reste bénéfique pratiquée deux ou trois fois par semaine, ou encore une semaine lors d'une retraite loin de l'agitation du monde. Combien de temps ? Fiez-vous à ce qui est possible pour vous, la sincérité de l'effort comptant bien plus que le temps écoulé. Si vous arrivez dans un premier temps à tenir même quelques minutes pleinement conscient, ce sera un merveilleux début. Cela voudra dire que vous avez compris et ressenti la valeur de l'immobilité, que vous avez été capable de passer du faire à l'être, même pour un temps très court, pour augmenter ensuite progressivement la durée. Si vous êtes habitué à faire de la relaxation, du yoga, vous pourrez peut-être faire rapidement des séances de trente à quarante-cinq minutes.

- La méditation des débutants

Pour débuter, commencez par vous asseoir, en prenant juste conscience de votre respiration, une respiration lente, profonde, vous concentrant sur le souffle qui passe, alternant inspiration et expiration. Vous pouvez aller un peu plus loin en vous visualisant en train d'inspirer la détente en gonflant le ventre, puis en expirant les tensions, tout ce qui vous pèse, en le dégonflant. Autre possibilité encore, imaginez-vous en train d'inspirer la bienveillance et l'amour, pour les diffuser dans tout votre corps à l'expiration. Il est inutile de forcer, laissez faire le souffle. Votre esprit vagabonde ? Rien de plus naturel : ramenez doucement votre attention sur votre souffle. L'important n'est pas tant la respiration que l'attention que vous lui portez. En prenant juste conscience de son mouvement, vous êtes dans l'ici, le maintenant, éveillé naturellement à ce qui vous entoure. Regardez passer le flux de vos pensées sans les freiner ni les entretenir, tout en vous concentrant sur votre respiration. Si vous vous sentez gagné par l'impatience, l'agacement, l'ennui, ne les chassez pas, accueillez-les et regardez-les passer comme des nuages dans le ciel. Dans la pratique de la méditation, il n'y a pas d'échec, pas de réussite.

Toute expérience est intéressante à vivre. Apprenez à accepter ce qui se présente et vous découvrirez au fur et à mesure de la pratique de nouvelles sensations, un état de calme et de sérénité qui vous surprendra.

• La méditation debout

L'arbre est un bon support pour cette méditation. Face à un arbre, ou vous imaginant devant lui, regardez-le fixement. Sentez vos pieds s'enraciner dans le sol, vous pouvez visualiser le bas de votre corps aussi solide qu'un tronc, le haut plus léger comme les branches bercées par la brise. Restez conscient de votre souffle, absorbez ce qui est autour de vous et restez bien en contact avec l'assurance que donne le sentiment d'être bien enraciné.

• La méditation en mouvement

Pour ceux qui ont du mal à rester immobile, la méditation peut également se pratiquer de façon dynamique. Ainsi, la méditation de la marche, d'inspiration tibétaine, nous enjoint d'avancer lentement, en nous focalisant sur chacun de nos pas, en sentant le contact sur le sol. La respiration suit le rythme de la marche. Appréciez le fait d'être capable de marcher, certains n'ont plus ce bonheur. Nous prenons pour acquis une conquête qui nous a demandé beaucoup de temps et nous a ouvert l'exploration du monde !

« Marchez avec dignité, en beauté », disent les Indiens Navajos.

- La méditation de prière,
  que vous soyez croyant ou pas

« Chacun, avec ses mots, peut demander de l'aide, dire sa peur, sa colère, ses doutes, formuler sa gratitude. Nous pouvons tous ouvrir cet espace en nous pour entamer le dialogue, nous alléger, et trouver de nouvelles forces », suggère Patrice Gourrier, prêtre et psychologue. Si vous n'êtes pas croyant, adressez-vous à l'univers ou cherchez le mot qui vous correspond le mieux pour nommer cette force qui nous dépasse : la Vie, l'Amour...

### ○ D'autres pratiques favorisent la pleine conscience

Certaines activités artistiques permettent également de se poser et de goûter le flux de la vie. Elles viennent pour la plupart du Japon : la calligraphie, l'ikebana, cet art de la composition florale ancestral, l'écriture de haïkus, qui attire un public de plus en plus large... De quoi s'agit-il ? Le haïku est un court poème en trois vers qui se concentre sur un détail de la vie, l'infime du quotidien, en essayant d'en décrire l'essentiel en quelques mots. Il peut être comparé à un croquis sur le vif, mais à l'aide de l'écriture. Vous voulez essayer ? Arrêtez-vous un moment, respirez profondément, regardez, sentez, écoutez attentivement le monde qui vous entoure. Ensuite, prenez un stylo et notez vos sensations, vos impressions... Un haïku naît toujours de l'attention au moment présent. Il célèbre traditionnellement la nature, mais vous pouvez aussi observer et graver vos émotions, un événement. De même, le qi gong, le tai-chi-chuan, et certaines approches du yoga sont des pratiques méditatives, puisqu'elles nous déconnectent de notre mental en centrant notre attention sur nos sensations corporelles, sur l'instant présent.

○ **Attention aux gourous !**

La vague de spiritualité qui déferle sur notre société en mal de repères a ouvert un boulevard à la prolifération de gourous plus ou moins inspirés par une philosophie mal digérée. Si vous souhaitez rejoindre un groupe de méditation, nous vous engageons à bien vous renseigner pour vérifier qu'il ne s'agit pas d'une secte...

# Conclusion

Certaines personnes de 50 ans ont l'impression que leurs plus belles annees sont derrière elles. Ou qu'elles ont gâché ce qu'elles considèrent comme le meilleur de leur vie. Elles cèdent aux sirènes de la modernité qui voudraient qu'il n'y a point de salut en dehors d'un corps jeune et mince. Voici venu le temps d'entrer en résistance pour refuser ce diktat, et protéger nos enfants de cette dérive, qui non seulement nous rend malheureux, mais conduit à gommer les différences entre les générations, créant un malaise diffus. Se donner les moyens de bien vivre son avancée en âge nécessite d'avoir de bonnes conditions de vie et des besoins élémentaires satisfaits. Si nous avons cette chance, cela ne nous dispense pas d'un devoir de solidarité envers les plus fragiles d'entre nous.

Parmi les rôles qui nous sont dévolus aujourd'hui, il y a une nouvelle occasion de transmission.

Considérons-nous comme des éclaireurs pour les générations qui nous précèdent, en leur montrant que l'on peut prendre de l'âge tout en étant équilibrés, épanouis, contents d'être en vie. Pour cela, nous n'allons pas renoncer à la séduction, mais devenir de belles personnes de notre âge et non des faux jeunes, toujours un peu pathétiques...

L'avancée en âge, synonyme de moins ? Opposons nos plus à cette idée reçue : plus de sagesse, plus de charme, plus d'élégance, plus de sérénité, plus d'ouverture, plus de vérité. On dit souvent que l'adolescence est une deuxième chance dans la vie. À notre avis, la cinquantaine aussi, à condition de la saisir.

# Table

# Des mêmes auteurs

## de Claudine Badey-Rodriguez

*Les Personnes âgées en institution, vie ou survie*, Seli Arslan, 1997.

*La Vie en maison de retraite - Comprendre les résidents, leurs proches et les soignants*, Albin Michel, 2003.

*Quand le caractère devient difficile avec l'âge - Aider nos parents sans se laisser dévorer*, Albin Michel, 2006.

*J'ai décidé de bien vieillir - Mobiliser son énergie vitale*, Albin Michel, 2009.

Retrouvez les informations relatives aux séminaires, aux ateliers et aux conférences de l'auteur sur le site :
www.claudinerodriguez.com

## de Bernadette Costa-Prades

*Osez vous faire respecter !*, avec le Dr Stéphane Clerget, Albin Michel, 2010.

*Réussir son nouveau couple*, avec Jacques-Antoine Malarewicz, Hachette Pratique, 2009.

*Faire l'amour pour éviter la guerre dans le couple*, avec le Dr Ghislaine Paris, Albin Michel, 2009.

*Apprendre à faire le vide*, avec Paul Ariès, Milan, 2009.

*Ce que les femmes préfèrent*, avec le Dr Sylvain Mimoun, Albin Michel, 2008.

*Tu te souviens de 68 ?*, Albin Michel, 2008.

*Les Garçons (un peu) expliqués aux filles, les filles (un peu) expliquées aux garçons*, Albin Michel, 2007.

*Frida Kahlo*, Maren Sell, 2007.

*Parents, osez vous faire obéir !*, avec le Dr Stéphane Clerget, Albin Michel, 2007.

*Simone de Beauvoir*, Maren Sell, 2006.

*L'Économie solidaire*, avec Jacques Prades, Milan, 2005.

*Comment survivre dans un monde de brutes*, avec Olivier Grignon, Albin Michel Jeunesse, 2005.

*Comment survivre quand les parents se séparent*, avec le Dr Stéphane Clerget, Albin Michel Jeunesse, 2004.

*Comment survivre quand on est un garçon*, avec Jacques Arènes, Albin Michel Jeunesse, 2003.

*Comment survivre quand on est une fille*, avec Emmanuelle Rigon, Albin Michel Jeunesse, 2003.

*Comment survivre à l'école*, avec Roland Beller, Albin Michel Jeunesse, 2002.

*Comment survivre en famille*, avec Catherine Mathelin, Albin Michel Jeunesse, 2001.

*Le Petit Gorille*, Mango, 2000.

*Résiste*, Syros Jeunesse, 1999.

*Dis non !*, Syros Jeunesse, 1999.

*Devenir parent d'adolescent*, Milan, 1999.

*Composition IGS-CP*
*Impression CPI Bussière en octobre 2011*
*à Saint-Amand-Montrond (Cher)*
*Editions Albin Michel*
*22, rue Huyghens, 75014 Paris*
*www.albin-michel.fr*
*ISBN 978-2-226-22081-3*
*N° d'édition : 19305/02. – N° d'impression : 113303/4.*
*Dépôt légal : mars 2011.*
*Imprimé en France.*